甘肃人民美术出版社

图书在版编目（CIP）数据

汉字树 . 4 / 廖文豪著 . -- 兰州 : 甘肃人民美术出版社 , 2014.12 (2017.10 重印)
ISBN 978-7-5527-0319-1

Ⅰ. ①汉… Ⅱ. ①廖… Ⅲ. ①汉字－通俗读物 Ⅳ. ① H12-49

中国版本图书馆 CIP 数据核字 (2014) 第 280287 号

汉字树 4

廖文豪 著

出 版 人 / 王永生
封面题字 / 青石
责任编辑 / 余岚

项目策划 **紫图图书 ZITO®**
丛书主编 黄利 **监制** 万夏
特约编辑 张耀强
装帧设计 吉松薛尔 **紫图装帧**

出版发行：甘肃人民美术出版社
地　　址：兰州市读者大道 568 号
邮　　编：730030
电　　话：0931–8773121（编辑部）
　　　　　0931–8773269（发行部）
E-mail：gsart@126.com
网　　址：http://www.gansuart.com
印　　刷：北京天宇万达印刷有限公司
开　　本：787 毫米 ×1092 毫米 1/16
印　　张：11.5
字　　数：95 千
版　　次：2015 年 1 月第 1 版
印　　次：2017 年 10 月第 3 次印刷
印　　数：15,001 ~ 19,000 册
书　　号：ISBN 978–7–5527–0319–1
定　　价：45.00 元

目 录

汉字中的野兽之类 1

第一章 **虫** 4

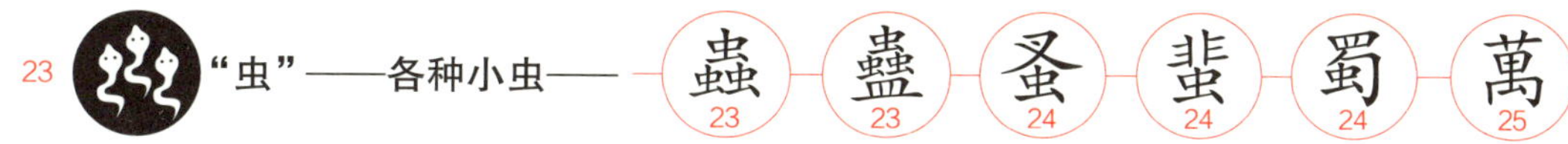

26 "風"——将虫带来的使者—— 風 26

第二章 **鱼** 28

30 “鱼”的衍生字—— 漁 31 鯀 31 魯 32 鰥 32 鮮 33 穌 33

35 “冉”是什么动物？—— 冉 38 爯 40 稱 40 再 41 冓 41

遘 41 講 42 構 42 溝 42 購 42 鱉 43 敝 43

蔽 44 弊 44 瞥 44 憋 44 撇 45 幣 45 斃 45

46 鱼鳖以外的水生动物—— 龜 46 黽 46 蠅 47 繩 47

第三章 **鸟** 48

51 “隹”——飞翔的鸟—— 雈 51 雚 54 勸 54 舊 54 蒦 55

獲 55 穫 55 雉 55 翟 56 濯 57 耀 57

擢 57 鷹 58 隼 58 準 59 雖 59 雇 59 顧 60

雄 61 焦 61 難 62 雋 62 隻 62 雙 63 奪 63
奮 63 雞 64 鶵 64 雀 65 瞿 65 進 65 雁 66

67 "鸟"——在地上行走的鸟—— 烏 68 鳳 68 舄 69 寫 70
焉 70 鷙 70 鳶 71

72 "弋"——古代独特的猎雁技能—— 弋 73 弌 74 弍 74 貳 74 膩 75 弎 75
代 75 必 76 弟 76 悌 76 叔 77 督 77 寂 77 式 78

79 "羽"——一对鸟翅—— 羽 80 翅 80 翹 80 扇 80 戮 81
習 81 翏 82 廖 83 繆 83 膠 83 寥 84 蓼 84 謬 84

85 "非"——一对张开的翅膀—— 斐 86 扉 86 排 86 燕 87 罪 87
悲 87 誹 87 翻 88 輩 88

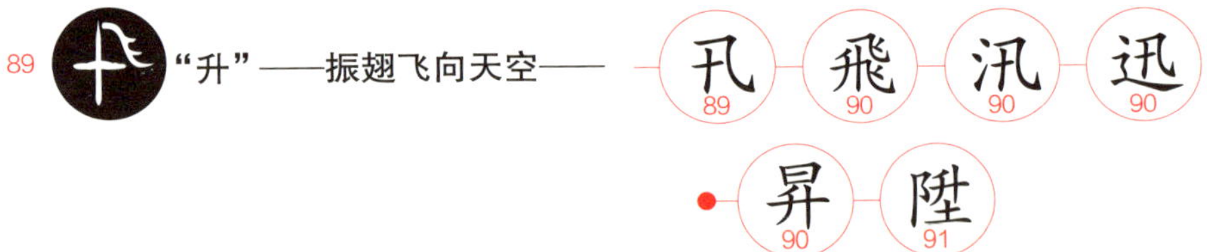

89 “升”——振翅飞向天空——
孔 89 — 飛 90 — 汛 90 — 迅 90
— 昇 90 — 陞 91

第四章 兽 92

94 “羊”的衍生字——
美 97 — 善 98 — 羞 98 — 我 99 — 娥 100 — 義 100
— 儀 101 — 議 101 — 羲 102 — 犧 102 — 祥 103 — 達 104 — 養 104 — 羌 104
— 苟 105 — 敬 105 — 姜 105 — 羔 106 — 窯 106 — 羡 107 — 羹 107 — 羴 107

108 “牛”的衍生字——
牡 110 — 牝 110 — 牧 110 — 牢 111 — 牽 111
— 牟 111 — 犧 111 — 物 112 — 牲 113 — 特 113 — 半 113 — 判 113
— 件 114 — 壴 114 — 角 115 — 解 115 — 告 115

116  虎咬猪——“虎”的衍生字——  118
虞 118 — 戲 119 — 彪 119
虔 120 — 虐 120 — 虜 121 — 思 121 — 慮 122 — 處 122 — 號 122 — 豦 122
劇 123 — 據 123 — 噱 123 — 盧 124 — 爐 124 — 廬 124 — 膚 125 — 甗 125
獻 125 — 虛 126 — 丘 126 — 噓 126 — 歔 127

“豕”的衍生字——  127
逐 127 — 遂 127 — 隊 128 — 墜 128
彘 130 — 冢 130 — 蒙 130 — 豖 130 — 塚 131 — 豳 131
豪 132 — 家 132 — 豢 133 — 圂 133 — 豚 133

134 “犬”的衍生字——
狄 136 — 狩 137 — 鼠 137 — 獵 138 — 臘 138
獲 138 — 臭 138 — 器 139 — 突 139 — 戾 140 — 肰 140 — 然 141 — 獎 141 — 狀 141
獻 142 — 伏 142 — 犾 142 — 獄 143 — 厭 144 — 哭 144
喪 144 — 狽 145 — 狼 145 — 狠 146 — 犯 147 — 豸 147 — 豹 147

148
“马”的衍生字——
駁 150
罵 150
羈 151
闖 151
馭 151
馴 152
騎 152
駒 152
駱 153
駟 154
驍 154
驕 154
篤 155
驃 155
騁 156
驫 156
馮 156
憑 157

158
其他动物——
象 158
像 159
爲 159
僞 160
能 160
熊 161
罷 161
羆 161
態 162
兔 162
逸 162
冤 162
鹿 163
慶 163
矦 163
猴 164
鼠 165
竄 165

索引 166

汉字中的野兽之美

汉字的魅力很难用语言表达清楚，一个个象形符号，可以描摹出千千万万的美妙画卷。汉字的世界同样妙不可言，驻足其中，我们会发现很多奇特的动物的身影，“美”中有“羊”、“风（風）”中有“虫”、“家”中有“豕”、“为（為）”中有“象”……我们在惊叹汉字美妙之余，不妨也感受一下其中的动物之美。

汉字对于动物的分类可谓是独树一帜，从没有脚的虫、鱼，到有两脚的鸟，再到四脚的兽。这些汉字不仅记录了动物们的外型特征，也揭示了它们的生活习性。

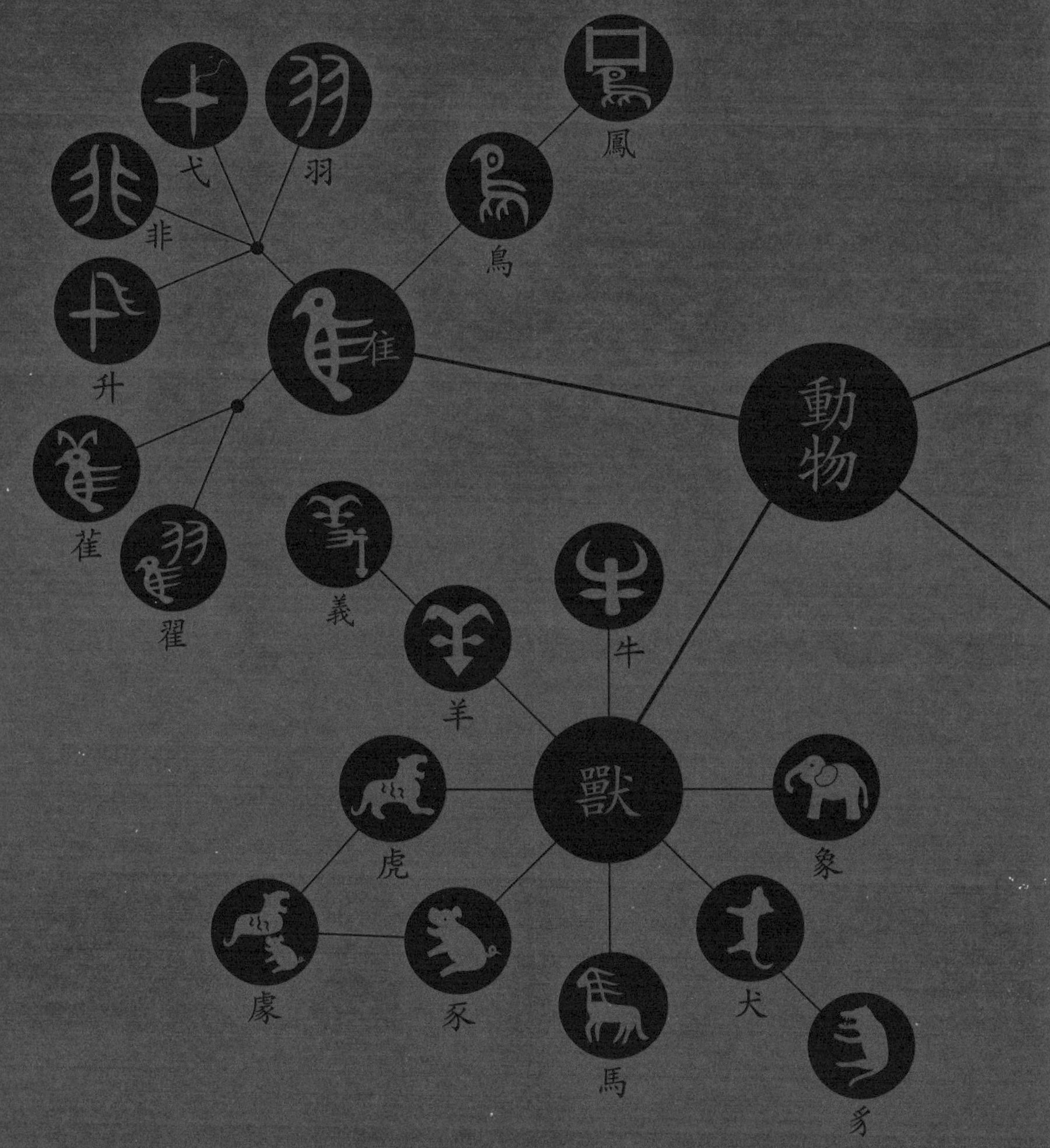
鳳
弋
羽
非
鳥
升
隹
動物
雈
翟
義
牛
羊
獸
虎
象
豦
豕
犬
馬
豸

与动物相关的汉字

蟲
乙
風
虫
它
也
龍
鼄
魚
冉
冓
爯
黽

第一章

虫

虫
萬
蟲
乙
它
虹
蜀
也
龍
蚤
蜚

“虫”——蛇虫类

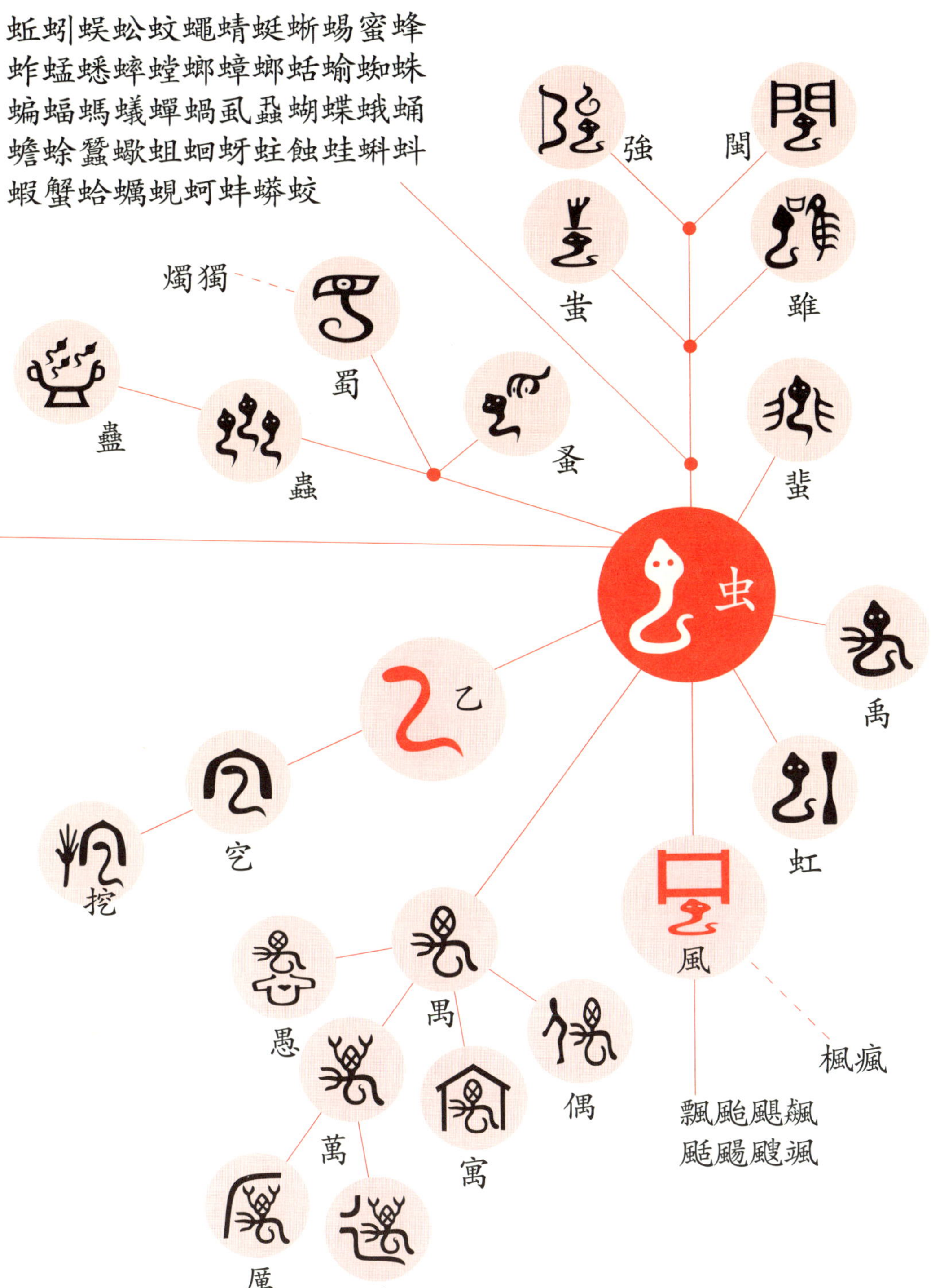
蚯蚓蜈蚣蚊蠅蜻蜓蜥蜴蜜蜂
蚱蜢蟋蟀螳螂蟑螂蛞蝓蜘蛛
蝙蝠螞蟻蟬蝸虱蝨蝴蝶蛾蛹
蟾蜍蠶蠍蛆蛔蚜蛀蝕蛙蝌蚪
蝦蟹蛤蠣蜆蚵蚌蟒蛟
強
閩
蚩
雖
燭獨
蜀
蠱
蟲
蚤
蜚
虫
禹
乙
虹
空
挖
風
楓瘋
禺
愚
偶
萬
寓
飄颱颶飆
颳颺颼颯
厲
邁

“虫”所衍生的基础构件

示意图	现代汉字	甲骨文	金文	篆体	构字意义
	乙				蠕动的虫
	虫				蛇
	它				吐信的蛇
	也				张大嘴的蛇
	龍				张大嘴的逆天蛇
	虹				形状如“夯杵”的双头“蛇龙”
	萬				毒蝎子
	蟲				许多条会蠕动的小虫
	蚤				令人发痒的小害虫
	蜚				为“非”作恶的小“飞”“虫”
	蜀				蚕虫

虫

chóng

“虫”的甲骨文、、金文、、都是在描写一条会攻击人的蛇，其构形与三星堆石蛇相同，由此构件所衍生的汉字有蚩、它、也等。

甲 金

蚩

chī

会伤人“脚”（，止）的“虫”（），也就是毒蛇。

“蚩”的甲骨文及金文是描写一条会伤人脚（，止）的蛇（，虫）。隶书将“止”改成“屮”，兼作声符。

甲 金 篆

强

qiáng

“拉大弓”（，弘）射杀大“虫”（）。

远古时代，后羿曾在洞庭湖射杀一条兴风作浪的巨蛇，平息了水患。后世百姓感念他的恩德，就在洞庭湖畔铸后羿射大蛇龙的雕像作为纪念。此外，据《南史》记载，南朝宋开国君主刘裕年轻时为了制作草鞋，在河边砍伐芦荻，突然间冒出一条数丈长的大蛇，他在惊骇之余，立即拉起大弓将它射杀。

篆

閩闽

mǐn

蛇（，虫）“门”（）境内。

闽越地处山区，气候温暖潮湿，适合蛇类栖息，于春夏之际，常可见蛇类到处乱窜。春秋时期，吴子胥辅佐吴王夫差攻破越国，俘虏越王勾践之后，便在吴越交界处设立“蛇门”，在门上挂着木蛇，蛇头指向多蛇的闽越之地，并借此彰显其势力范围及于越国。《吴越春秋》：“越在东南，故立蛇门以制敌国……示越属于吴也。……于是遂赦越王归国，送于蛇门之外。”《前汉纪·孝武皇帝》记载闽越之地多蝮蛇猛兽。《说文》：“闽，东南越，蛇种。”

篆

它

tā

嘶嘶吐信的蛇。

“它”的金文及篆体呈现蛇头、弯曲的蛇身及吐信的舌头。因为蛇是爬虫，所以后人又添加“虫”以作“蛇”（蛇的篆体为），而“它”则转作代名词，可以代表有生命之物、无生命之物或事件。这种转变与引申大概是因为人见草丛攒动或听见嘶嘶声，总是怀疑是有蛇出没，所以对于尚未证实而仅仅怀疑之物称作“它”。旅人行经野地，也总会互相提醒，要小心毒蛇出没，渐渐地，“它”就演变为第三人称的代名词。《说文》：“它，虫也，从虫而长，像冤曲垂尾形。上古艸居患它，故相问无它乎。”

金

篆

佗

tuó

或他，tā。第三人称。

“它”是蛇的代名词，但如何表达人的代名词呢？于是由“它”衍生出“佗”，作为人的代名词，后来改作“他”。“他”的本字为“佗”，如《大戴礼记》：“此无佗故也。”其中的“无佗故”即“无他故”也。汉朝以后，再将“佗”改成“他”。此外，近代又将“他”分化出她、它、祂等字，分别代表男人、女人、动物与神的第三人称。

篆

也

yě

一条张口的蛇。

“也”的甲骨文、金文、战国包山楚简、、都是在描写一条张开口的蛇，到了小篆改成。蛇可以吞食比自己身体口径大上许多倍的动物，《山海经》说：“巴蛇食象。”显然，能将动物吞食的蛇口是令古人印象深刻的，因此造出此汉字。它、也、虫，都是蛇，因此，“蛇”与“虵（蛇）”是通用的，在古文里都代表蛇。

甲

金

篆

yǐ

像蛇一样地（，也）蜿蜒而行（，辶）。

施

shī

或y ì。行进中的旌旗（，方），飘荡起来好像蛇（）在摆动。

地

dì

有许多像蛇一般的爬虫（，也）所居住的“土”（）地。

大蛇龙

“伸长手臂”（，九）去抓“大蛇龙”（，虫）的人。

禹

yǔ

“禹”的甲骨文是由“虫”（或它）及一只“伸长的手臂”所组成，代表伸出手抓蛇，由其手掌的位置可以看出是抓在蛇颈部，这是描写抓蛇的意象。甲骨文后来演化成金文及篆体。其它甲骨文如、也都是手与蛇两符号的合体字，都代表抓蛇。此外，甲骨文也出现不少“持棍打蛇”的象形字，如、、、、、等。整体来看，抓蛇与除蛇的古字是相当丰富且一致的。

甲 金 篆

“禹”的构字除了具有上述抓蛇的形象外，还有另一种除蛇的形象。金文有一根“棍子”压在“蛇”的颈项上，金文代表持“双齿叉”（）对抗大“蛇”（，虫），将双齿叉改成三齿叉，汉画像砖上所绘之大禹像也是手持双齿大叉，其概念与此相近。叉型符号在篆体中转变为“九”，隶书以后又被归属于“内”的部首。

长期以来，大禹被误认为是一条蛇龙。首先，东汉许慎因看到“禹”字含有“虫”，于是在《说文》写下：“禹，虫也。”近代学者也不厌其烦地引用《说文》见解，如顾颉刚由禹字推论，禹不是人，是一条虫（龙），是上帝派下来的神。又如杨宽认为：“禹，从九从虫，九虫，实即句龙。”杨宽先生因错解九的符号意义，不仅将禹看成一条蛇龙，甚至认为禹就是共工之子句龙，并且借此推论，共工就是禹的父亲鲧。若是如此，《战国策》及《荀子》记载：“禹伐共工”，岂不就成了大禹攻打自己的父亲？这可是失之毫厘，差之千里啊！

又如果大禹果真是蛇龙，《孟子》所说的禹驱蛇龙，岂不就成了蛇龙驱赶蛇龙吗？而驱蛇龙治水患的英雄大禹，不就沦落成了水患元凶？另外有学者提出，“禹”的古字构形是“二龙相交”“二龙交尾”“在文化上的性暗示”，由此可知禹爱野合。凡此种种，都是误将禹看作蛇龙的结果。

四川三星堆文化保留了三千多年前的古代文明，其中的青铜立人像，双手各圈成一个大圆圈，表示伸手抓大蛇龙。这个人的耳朵各有一个大耳洞，这是大禹的独有特征。古书提到大禹有耳漏（耳洞）、身体枯瘦、出生于四川石纽，这些都符合青铜立人的形象与背景。

"逆天"（，辛）的"大蛇"（，也）。"也"的甲骨文、是一条张开口的大蛇。这两个甲骨文也是"龙"的古字。"龙"的甲骨文主要有、、、、、，它们的共同符号就是。所有"龙"的甲骨文都有"也"的构件，可见"龙"的本字就是"也"，是一条大嘴蛇。后来，古人又在蛇头上添加一个符号而成为"龙"。这个添加符号的构形差异相当大，它到底是什么呢？有的说是龙角，有的说是龙冠，但无论如何，大多数的甲骨文都显示这个符号"辛"，到了金文及篆体一律都改成了"辛"。由此我们推知：一、"龙"是由"也"衍生而出的，可见"龙"是由蛇演化而来的。二、"龙"是由"也""辛"组成的合体字，代表一条逆天蛇龙，篆体、、，除了逐步调整笔顺之外，也在龙身添加了背棘。有关逆天的说明请参见"辛"。

龍龙

lóng

甲

金

篆

由于篆体及隶书将龙张开的大嘴简化成"月"，又将头与身体拆开来，后来的人便无法看出龙原来的形象是一条会张口吞噬猎物的大蟒蛇。将张开的大嘴简化成"月"的汉字还有"能"与"豸"。

楷书	示意图	甲骨文	金文	篆体	构字意义
龍					张开大嘴的逆天蛇
能					张开大嘴的熊
豸					张开大嘴的肉食性动物

瀧泷

lóng

“龙”（ ）吐“水”（ ，氵）。

古人相信龙会带来雨水，西汉有设置土龙以招来雨水的习俗。西汉《论衡》记载“设土龙以招雨。”在汉字中，最能表达“龙吐水”莫过于“泷”。“泷”的甲骨文 、 、 是“龙”张口吐“水”的象形文，引申为下大雨或湍急的河流。“泷”的甲骨文 是“也、水”的合体字，其中的“也”是“龙”的本字，代表张口的大蛇。

龐庞

páng

在"屋棚"下（厂，广）合力抓巨"龙"（龙）。《左传》记载了一段养龙家族的故事。在舜之时，有位董父（董氏祖先），是廖叔安的后代，非常喜欢龙，知道龙的习性，常常拿龙喜欢吃的食物喂养它们，因此，龙都聚集到他那里去，于是舜封他为"豢龙氏"，赐姓"董"。自此以后，董氏接连许多代也都以养龙为业。《左传》及《史记》又记载了夏朝时代抓龙、养龙、吃龙肉的典故。大意是说，夏朝君王孔甲在位时。有两条龙，一雌一雄，出现在朝廷的庭外广场。朝臣们发现后，建议孔甲豢养此二龙，于是孔甲就命人将这两条巨龙给抓了起来。可是，没有人知道龙的饮食与习性，怎么养呢？孔甲只好派人到全国寻求懂得养龙的人，终于找到一位曾经向"豢龙氏"学过养龙的刘累。刘累到了宫廷，领了巨龙回家，将它们放进巨大的养龙池精心调养。不幸的是，学艺不精的刘累虽然悉心照料一阵子，其中一条雌龙竟然夭折了。狡猾的刘累一方面为了灭迹，一方面又想讨好国君孔甲，于是灵机一动，将死去的龙腌制后烹饪成美食献给孔甲。不知情的孔甲吃了赞不绝口，又听刘累吹嘘养龙的绝技，赞赏之余，封他为"御龙氏"。过了一段时日，不知不觉吃完一条龙的孔甲，忍不住还想再吃，命人召唤刘累。刘累警觉事迹迟早要败露，于是连夜逃亡到河南鲁县。此段典故，充分反映在"庞""宠"与"龚"三个与龙有关的汉字上头。"庞"

甲

篆

的甲骨文是（龙）、（双手）及（广，屋棚下）组成的合体字，代表许多只手在庭外广场（或屋檐下）合力抓巨龙，另一个甲骨文将双手省略。由于“龙”是大蟒蛇，引申为巨大的意义，相关用词如庞大、庞然巨物等。

龍 宠

chǒng

在屋内（，宀）养“龙”（）。

“宠”的甲骨文、金文与篆体代表在屋内（）养龙（）。龙曾经是豢龙氏及夏朝君王孔甲的宠物，大概也是中国人最早饲养的宠物。

甲 金 篆

龔 龚

gōng

双手捧着一锅（，共）龙（）肉献给尊长。

“龚”的甲骨文、、、金文、及篆体、都是在描写“双手抓龙”，篆体将双手改成“共”。“共”的金文及篆体代表两手捧锅共食，此概念也应用在“庶、席”等古字中。另一个篆体是“共”及“半条龙”所组成，由半条龙含有“肉”（）的构型来看，此字应是供奉龙肉的写照，彷佛是描写刘累双手端着一锅龙肉献给国王孔甲。“龚”引申为供奉、恭敬等，是“供”与“恭”的古字。《玉篇》：“龚，奉也。亦作供。又悫也。与恭

甲 金 篆

同。”夏朝君王爱吃龙肉，因此古代也出现与煮龙有关的古字。“龏”的甲骨文是“龙”在“灶”(，丙)上，具有煮龙的意义，此与另一甲骨文的“煮鸟”概念相同。

聾 聋

lóng

蛇“龙”（）的“耳”朵（）。

蛇没有外耳也没有鼓膜，它收听讯息的方式是经由下颚骨表面接收外界声音的振动，再透过内耳的杆状镫骨传递至大脑，因此它的触觉却比听觉更有效率。甲骨文、金文是“龙、耳”的合体字，代表蛇龙的耳朵。古人观察细微，发现“蛇龙”没有“耳”朵，故借此造字，引申为听不清楚或听不见。

甲

金

篆

与龙有关的特征或历史事件通常都会隐藏在“龙”的衍生字里，如上述甲骨文中的“龚”“庞”“宠”“聋”等。由构字典故说明了龙是一只没有耳朵的大蛇，可多人合力捕捉而得，古人曾经将其作为宠物来饲养，它是可供人烹煮而食或进献尊长的美物。豢龙氏与夏甲养龙的上古历史，很可能就是借着这些象形字体及口传在夏商时期代代流传，最后在周朝形成了典籍故事。

形状如夯杵（，工）的两头蛇龙（，虫）挂在天上。

虹

hóng

“虹”的甲骨文代表两头蛇龙，雄龙的头在右边，而雌龙的头在左边，此构形与古籍之记载相当一致。《山海经·海外东经》记载：“虹虹在其北，各有两首。”清朝吴任臣著《字汇补》说：“虹，龙也。”“虹”的篆体改作，代表形状如夯杵（，工）的蛇龙（，虫），夯杵是两头粗大中间狭长的木棍（其中的“工”也是声符）。

金

篆

为何古人会认为龙与雨水有关呢？除了龙生长在水中之外，另一个原因是彩虹所引发的联想。因为大雨过后，天空就会出现彩虹，而彩虹的形状就像一条巨大的蛇龙，因此，古人便将虹视为龙。《尔雅》认为彩虹是两条相伴而生的龙，雄龙颜色鲜艳，称之为“虹”，雌龙颜色暗沉，称之为“霓”。古人相信龙会吐出大量雨水，造成河水泛滥，龙吐完水之后，雨就停了，太阳也慢慢出现，而龙就要赶紧去补充水分。当龙低头喝水时，身影在阳光照射下，便现出原形，呈现出一条完整的彩虹。由于彩虹的形状正好像两条龙一左一右从天上垂着身体在喝水，因此《汉书》便记载说，天降大雨时，有一条“虹”从天上弯身下来喝井水，一下子就把井水喝干了。“虹吸管”便是由于这段典故而得名。

屡经洪灾的中国人似乎不喜欢虹，认为虹是洪水或灾难来临的凶兆。例如《淮南子》说：“故国危亡而天文变，世惑乱而虹霓现。”《鉴戒录》：“天将大雨，有虹自河饮水。”《战国策》也提出白虹贯日是君王遇害的凶兆。什么是白虹贯日呢？在偶然的机会，天空会出现卷成一个环状的卷状云，形状像个甜甜圈，而当太阳光从卷状云上方照射下来，就会呈现日晕现象，古人认为是一条白龙直冲太阳的中心，因而称之为白虹贯日。古代最常传说的龙，有红龙、黄龙与青龙，而这些龙的颜色都是彩虹的主色，可见也是由此所产生的联想。

“乙”——蠕动的虫

乙

yǐ

蠕动的虫。

《礼记·月令》：“孟春之月，东风解冻，蛰虫始振。”

甲 金 篆

穵

wā

“虫”（，乙）在挖“洞”（，穴）。

“穵”是“挖”的本字。

篆

挖

wā

用“手”（，扌）挖“洞”（，穵）。

“蟲”——各种小虫

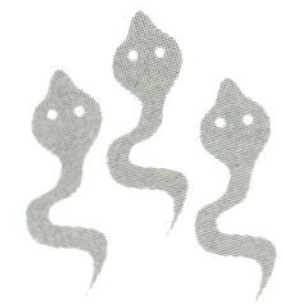

在构字里，蛇与小虫的甲骨文是有区别的，例如甲骨文 是一条以腹部爬行的虫，但到了篆体，一律都以 （虫）来表示蛇与小虫。

蟲 虫

chóng

许多条会蠕动的小虫（ ，虫）。

汉字常以“叠字”来表达“多”与“小”的概念，如“糸”代表绳子，而“絲”则代表许多条细小的绳子；同样地，“虫”代表大虫（或蛇），而“蟲”则代表许多条小虫。

篆

蠱 蛊

gǔ

在器皿（ ，皿）中培养的毒虫（ ，蟲）。

古人养毒虫来害人的纪录不少。如《舆地志》：“江南数郡有畜蛊者，主人行之以杀人，行食饮中，人不觉也。”《通志·六书略》：“造蛊之法，以百虫置皿中，俾相啖食，其存者为蛊。”

甲

篆

令人忍不住去抓（，爪）痒之小害"虫"（）。

蚤

zǎo

古人经常与动物相处，甚至住在同一屋檐下。动物身上总少不了跳蚤，一旦跳到人的身上，可就奇痒无比，怎能忍得住不去抓它呢？

篆

或fēi。为"非"（）作恶的小"飞""虫"（），蛀虫也。

蜚

fěi

《本草纲目》说："蜚，厉虫也，害人衣物。"非（）在此具有飞翔与违反（或危害）的双关语意，也兼作声符。"非"的构字本义是一对会飞的翅膀，但由于是两支背对背的翅膀，故引申出两相违背之否定意义，如罪（）代表人犯了非（）法之事以至于落入法网（，网）。

篆

大眼（，目）野蚕（，虫）。

蜀

shǔ

蛇与蜀都是会蠕动的虫，差别在于蜀是一只会蠕动的蚕或毛虫，使人见了会毛发竖立，全身起鸡皮疙瘩，所以《韩非子》说："人见蛇则惊骇，见蜀则毛起。"《诗经》也说："蜎蜎者蜀。"四川人的祖先蚕丛，教人民种桑养蚕，因此，自古以来，当地的丝绸即享有美名，称为蜀锦。蚕丛是第一代的蜀

甲

金

篆

王，他将国号定为蜀，显然与蚕有密切关系。野蚕的眼睛比家蚕要大得多，且背上还有假眼。甲骨文 是由“目”及蜷曲的身体所组成，可见，眼睛是这条虫身上的特征。金文 及篆体 添加了“虫”以彰显它是属于虫类。

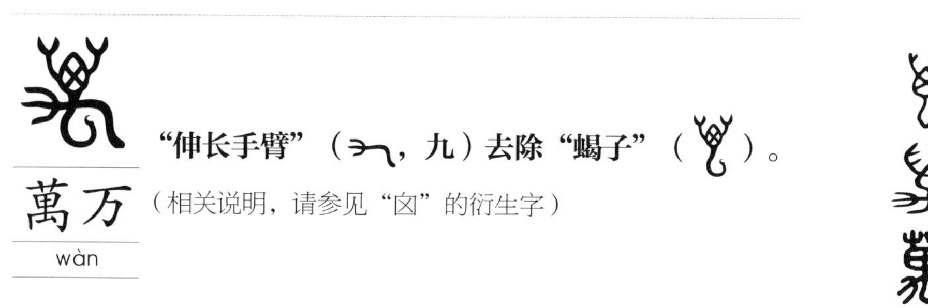

萬万 wàn

“伸长手臂”（，九）去除“蝎子”（）。

（相关说明，请参见“囟”的衍生字）

甲 金 篆

以“虫”为义符的形声字有螃、蟹、虾、蛤、蚬、蚌、螺等。

“風”——将虫带来的使者

从“边境”（凡）将“虫”（）带来的使者。

風风
fēng

甲 篆

如何描写看不见又摸不着的风呢？古人发现风与虫鸟有密切关系，《礼记》说：“盲风至，鸿雁来。”古人发现，当北风一吹来，大型候鸟就跟着来，但等到东风吹起时，这些大鸟又飞回北方了。风把大鸟带来。也把大鸟带走，风像是一位引领大鸟的使者，因此，“风”与“凤”的甲骨文都是、、，代表从边境（，凡）将大鸟（、）带来的使者。然而，风不仅带来鸟类，风也带来虫类，东汉许慎说：“风动虫生。”《礼记·月令》也说：“东风解冻，蛰虫始振。”东风一吹来，蛰伏于冬眠的虫类便一个个冒出来了，但当寒冷北风吹袭时，各种虫类也纷纷不知去向。令古人纳闷的是，这些虫类从何处而来呢？又归往何处去呢？大概是从边境而来吧！造字者显然也有此种认知，认为风就是将虫与鸟从边境带来的信使，于是风又有了另一种构形，“風”的篆体代表从边境（，凡）带虫（）而来。这个构形就成为现代汉字“风”，而甲骨文的“凰”则转作“鳳”。“凡”的甲骨文是一个有边框的东西，在所有包含构件“凡”的汉字，几乎都与边境或边框有关（请参见“凡”）。

“凰”与“鳳”二字同出于一源，之后再分化成不同构型及意义的字（请参见“鳳”）。

示意图	现代汉字	甲骨文	篆体	构字意义
	凰			从“边境”外将“虫”带来的使者。
	鳳			从“边境”外飞来的大“鸟”。

第二章

鱼

“鱼”的甲骨文 、金文 是鱼的象形文，隶书及楷书将鱼身简化成“田”而将背鳍、腹鳍及尾鳍简化成“四点”。

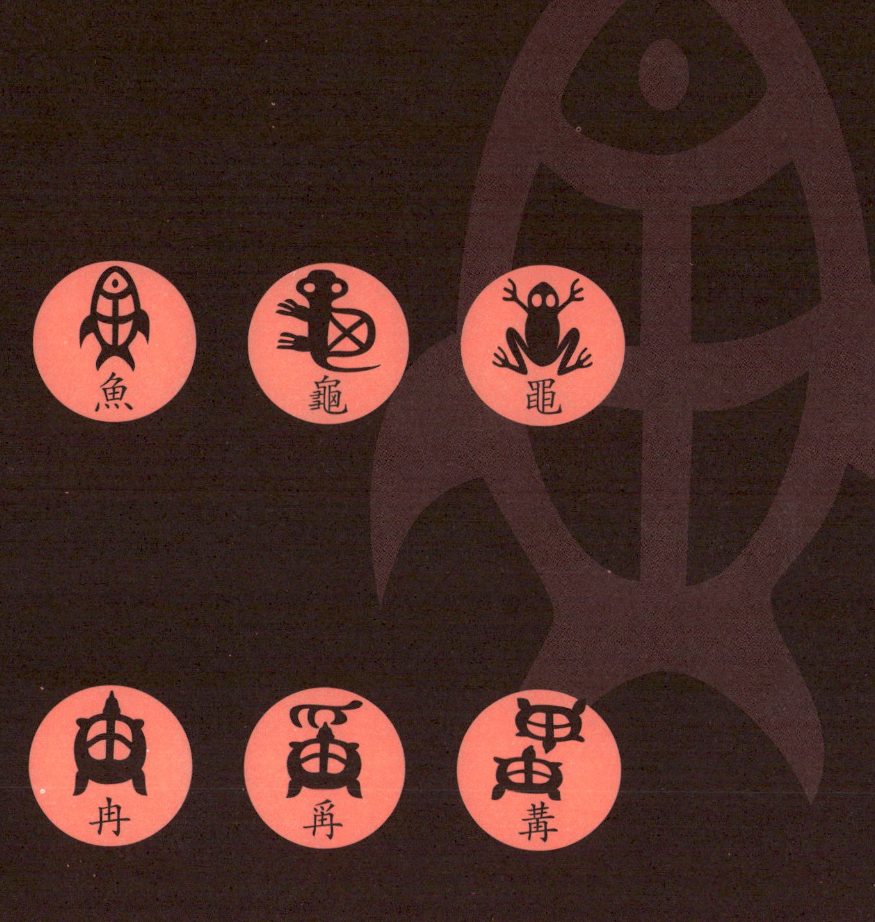

魚
龜
黽
冉
爯
冓

“鱼”的衍生字

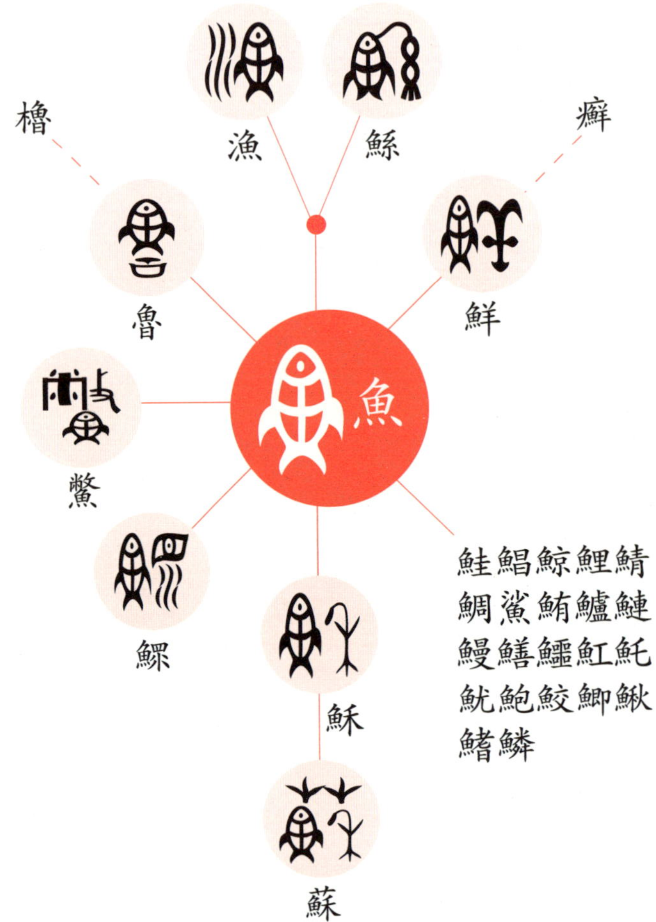

漁渔

yú

在"水"（，氵）中捕"鱼"（）。

甲骨文表示鱼群在水中游，金文添加一双抓鱼的手，这是渔夫捕鱼的写照，相关用词如渔猎、渔夫等。

甲 金 篆

鯀鲧

gǔn

用"绳子牵系"（，系）着一条大"鱼"（）。

当洪水泛滥时，尧派鲧去治理洪水，他采用围堵方式，结果造成洪水更加泛滥，最后遭到处死。尧当初为何会任用鲧来治水呢？显然是因为鲧是个熟知水性的人。知水性者莫若渔夫。甲骨文及是古代钓鱼人的象形字，是网鱼人的象形字。无论是钓鱼或网鱼都需要使用绳子，后来这些古字便演化出"系、鱼"的合体字"鲧"，其中"系"是具有系绳概念的符号。"鲧"的金文描写一只"手"拉着一条"绳子"（糸），绳子末端又拉着一条"鱼"。可见"鲧"代表一位手持绳具钓鱼或捕鱼的高手。篆体省略了"手"的符号，简化为"系、鱼"的合体字。

甲

金

篆

鲧并非本名，而是口传及手绘历史时，一位善知水性者的称号，这个人是捕鱼高手，善长钓鱼或结网捕鱼，这个人也就是大禹的父亲。可惜，东汉许慎《说文》："鲧，鱼也。从鱼，系声。"连带的，顾颉刚等人据此推论，鲧是一条鱼，而禹是一条虫，两人都是虚构的。在字源释义当中，许慎见鲧字有鱼，便说他是鱼；见禹字有虫，便说他是虫。这对父子因而被误解而沉冤莫白了千年之久，如今应该可以还他清白了。

鲁鲁

lǔ

“鱼”（ ）张口说话（ ，曰），发出咕噜咕噜的声音。

甲骨文 及金文 意表鱼（ ）张口（ ），金文 及篆体 则意表“鱼”（ ）在“说话”（ ）。由于鱼说话不清楚，所以引申为愚拙、粗野，相关用词如鲁钝、鲁莽等。周朝初期，周公旦有功于天子，得到封地。他将受封地称之为“鲁国”，由他的儿子伯禽来治理。周公为人谦虚，显然是想要借此国名来宣扬朴实鲁钝的民风。东汉刘熙《释名》：“鲁，鲁钝也。鲁国多山水，民性朴鲁也。”现代汉字将“鲁”写成“鱼日”，以致产生在太阳下晒鱼干的误解，实应将“日”改回“曰”。

甲 金 篆

鳏鰥

guān

“眼睛流泪”（ ，罘）的大“鱼”（ ）。

“鳏”引申为忧伤的丧偶男人，因为到了晚上，他就像无法闭眼睡觉的鱼。《孔丛子·抗志篇》：“卫人钓于河，得鳏鱼焉，其大盈车。子思问曰：如何得之。对曰：吾垂一鲂之饵，鳏过而不视，更以豚之半，则吞矣。”《释名》：“愁悒

金 篆

不寐，目恒鳏鳏然也。故其字从鱼，鱼目恒不闭者也。”《礼记·王制》：“老而无妻曰鳏。”宋陆游《晚登望云》：“愁似鳏鱼夜不眠。”

生“鱼”肉（）与生“羊”肉（，羊）的腥味。

鲜鲜

xiān

金 篆

如何分辨肉类食物是否新鲜呢？爱吃生鱼片的人，光凭味觉就可以知道鱼肉的新鲜度。新鲜的生鱼片，味道清新甘甜，但若不趁鲜食用，稍微放了一阵子，就会渐渐产生不好闻的腥臭味，时间越久越明显。不新鲜的鱼肉及羊肉，腥膻味特别浓烈，因此，古人以鱼及羊的腥味来表达食物的新鲜程度。“鲜”所引申的意义相当多，有生食、刚宰杀的、味道好的，相关用词如新鲜、鲜美。除此以外，因为新鲜鱼肉不能久放，所以引申为短暂或少量的，相关用词如鲜少。《论语》：“其为人也孝弟，而好犯上者，鲜矣。”《康熙字典》：“鸟兽新杀曰鲜。”

冰冻“鱼”（）的苏醒就好像“禾”草（）一样，枯了又再生。

稣稣

sū

金 篆

当寒流袭击，许多地方的河川结冰，一夜之间冻死了许多鱼。在古时候，附近居民就会纷纷前往打捞，耙取冷冻鱼，好像收割庄稼一般，但是会发现有些受冻较轻微的鱼却活了起来。因此，“稣”引申为苏醒、复活。如《礼记》：“蛰虫昭稣。”《韵会》：“死而更生曰稣。通作苏。”中国基督教将救主基督的名字翻译成“耶稣”，就是隐含着祂从死里复活的意义。对古人而言，禾草树木可以一再复苏，枯了又生，但动物可以生育，却难复苏。不过，在2012年国际渔业博览会中，却出现了使冷冻鲫鱼可以冰冻长达一个月再活过来的新科技。金文是由“鱼、木”所组成，木是形容符号，借以形容鱼像草木复苏，篆体将木改作“禾”，后来又添加“草”成为、，总而言之，都是以禾草树木来表达复苏之意。“野火烧不尽，春风吹又生”是白居易的名句，对野草的复生能力感到叹服。现今，“稣”与“蘇”是通用的。

东汉许慎说：“稣，把取禾若也。”清朝段玉裁认为应该是“耙取禾若”。两人似乎是说打捞冷冻鱼，像耙取散乱的禾草一般，但他们都未进一步阐明。我们就“木、禾、艸”的符号来看，应该是用来形容苏醒的鱼较为合理。

“冉”是什么动物?

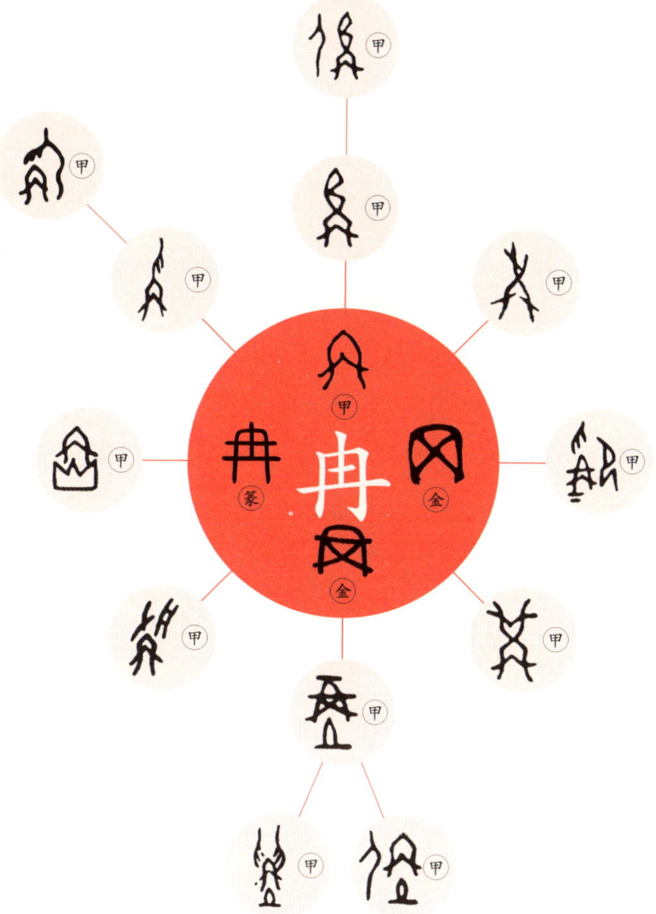

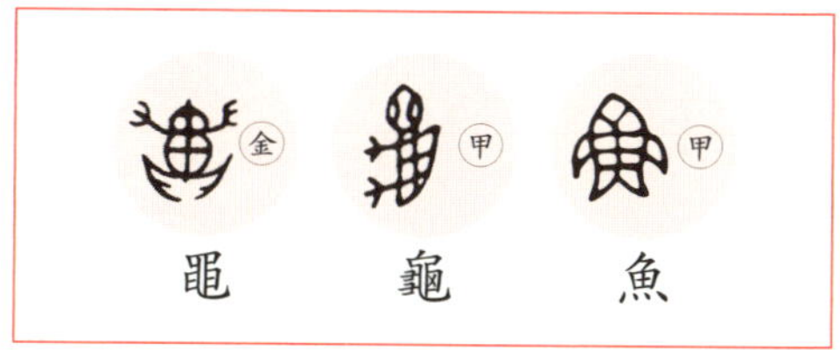

与“冉”有关的甲骨文不少，但到底冉是什么？目前主要有两种说法，有人说它是一条鱼，也有人说它代表人两颊下垂的毛发，到底真相如何？读者不妨来动动脑筋，玩个猜谜游戏。

“冉”的甲骨文  ，金文  、  ，篆体 。

❶  代表“冉”（ ）在陆地上“行走”（ ，止），可见冉是会在陆地上走路的生物。

❷  代表“人”抓到了一只“冉”。由此可见，冉是人类追捕的对象。

❸  代表两只“冉”（ ）相遇。

❹  代表“冉”（ ）在“陆地”上（ ，土）。

❺  代表“人”（ ）看见一只“冉”（ ）在“陆地”上（ ，土）。

❻  代表“两只手”抓到一只在“陆地”上（ ，土）的“冉”。

❼  代表坐“船”（ ，舟）捉（ ）“冉”，所以，冉也是水中生物。

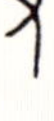

❽  代表用“火”（ ）烤“冉”，可见冉可以吃。

❾   是一只手提着冉，甸甸它的重量，这是“再”的甲骨文，也是“稱”（或偁）的本字。说明了冉是可以在市场秤斤贩卖的物品。

❿   代表“人”（ ）在“追”（ ）“冉”。

显然，鱼或毛发之说都无法与以上描述的生物相吻合。或许，读者会认为冉是一只乌龟或青蛙，但是“龟”的甲骨文是 ，“黾”的金文 、 、 是一只青蛙，可见两者都不是冉，那么，冉到底是什么样的生物呢？

谜底揭晓

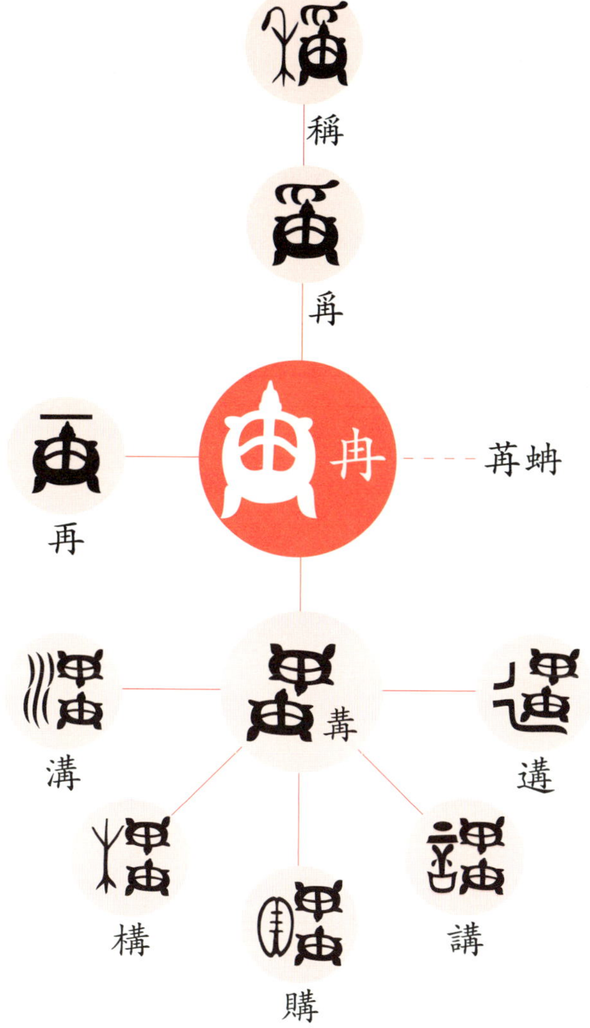

先秦时期，鱼鳖是人民赖以维生的水生动物。相关记载如《吕氏春秋》：“入川泽，取鱼鳖。”《管子》：“凡置彼食，鸟兽鱼鳖，必先菜羹。”《风俗通义》：“草木鱼鳖所以厚养人君与百姓也。”

冉

rǎn

或，爬行缓慢的甲鱼。

俗称王八的鳖因为身上有背甲，所以也称为甲鱼，又因为身体圆滚滚的，所以又称为团鱼或圆鱼。金文是描写一只身体圆滚且有背甲的鳖，甲骨文、金文及篆体像是在描写鳖甲。鳖甲中央有一长条脊椎骨，左右两侧各有八条肋骨，所排列的形状，中央部位像“王”，上下部位则像“八”，这大概是鳖被称为“王八”的由来吧。鳖甲自古以来就被当作滋补圣品，汉朝著名医书《金匮要略》即有“升麻鳖甲汤方”。然而由“冉”的古字来看，鳖甲的应用甚至可上溯至商周时期。“冉”是以鳖甲的形象来代表“鳖”，因为这是鳖独有的特征。鳖在陆地上爬行时，步履阑珊，像跛子行走。《荀子》称之为“跛鳖”，引申为缓慢、衰老，如太阳冉冉上升。又如《楚辞》：“老冉冉其将至兮。”

鱼与鳖是商周时代最具经济价值的水产动物，在先秦典籍中屡见不鲜，《风俗通》说：“草木鱼鳖所以厚养人君与百姓也。”鳖的肉质鲜美，自古以来就被奉为美食，因此《诗经》说："其殽维何，炰鳖鲜鱼。"《礼记》说："居山以鱼鳖为礼。"甚至《周礼》还记载，在周朝管理鱼鳖的官称为"鳖人"。然而，令人不解的是，商周时期的甲骨文、金文，甚至篆体都找不到"鳖"字，周朝经典老是提到鳖却没有鳖的古字，这是很奇怪的现象。

原来，"冉"就是鳖，汉代以后才以形声字"鳖"来代替，而"冉"则引申为缓慢的意义。从许多甲骨文构字意义来看，可以证明"冉"就是"鳖"。鳖与龟一样，喜欢在陆地上晒晒太阳，代表一只"鳖"（，冉）在"陆地"上（，土）。代表一只"鳖"（，冉）在陆地上"行走"（，止）。代表"人"（）看见一只"鳖"（，冉）在"陆地"上（，土）。鳖生性胆怯，听见人声，立即潜入水中躲避，要抓鳖，必须眼捷手快，、代表"人"（）在"追"（，𠂤）一只"鳖"。秋冬之际，是捕鳖的时节，《庄子》记载："冬则擉鳖于江。"代表坐"船"（，舟）捉（）"鳖"。代表"两只手"抓到一只在"陆地"上（，土）爬的"鳖"（，冉）。代表"人"抓到了一只"鳖"。另外，代表在"火"（）上烧烤的"鳖"，正是《墨子》所说的："蒸炙鱼鳖。"

以手（，爪）提取一只“鳖”（，冉）。

爯

chēng

一只巨鳖可以重达十来公斤，肉质鲜美，营养价值也高。鳖是中国人眼中的滋补圣品，据说台塑创办人王永庆的养生之道是每天一碗花旗参炖甲鱼汤。《汉书》记载：“元龟、岠冉，长尺二寸，值二千一百六十。”（特大号的龟及巨鳖，长达一尺二寸，值二一六〇钱。汉朝一尺二寸约二十八公分。）“爯”的甲骨文与“偁”的甲骨文及金文、都是一个人手抓鳖的象形文，这两个字都是“稱”的本字。“爯”本义为用手估量鳖的重量，引申为测重量。爯可以说是古代市场上秤斤卖鳖的描写。周朝有一个买鳖的故事，《韩非子》记载，郑国有一个妇人，到市场买了一只鳖，回家途中经过一条河，以为鳖口渴了，于是放它去喝水，没想到，鳖一溜烟就不见了。妇人不知道，鳖在陆地上爬行缓慢，但到了水里可是身手矫健得很哪！（《韩非子》：“郑县人卜子妻之市，买鳖以归，过颍水，以为渴也，因纵而饮之，遂亡其鳖。”）“爯”是“稱”（或“偁”）的本字。

甲 金 篆

稱

chēng

或chèng。“估量”（，爯）“禾”（）谷的重量。

“稱”的简体字为“称”。

篆

再

zài

又“一”次（一）钓到一只“鳖”（，冉）。

鳖是贪饵的动物，常遭古人钓获。《焦氏易林》：“鱼鳖贪饵，死于网钓。”《韩诗外传》：“鱼鳖厌深渊而就干浅，故得于钓网。”“再”引申为第二次，又一个，相关用词如再次、再版等。篆体是由“冉”“一”所组成，另一个篆体添加了水，表示又“一”次从“水”里钓到一只“鳖”。

金 篆

冓

gòu

两鳖（，冉）相遇。

“冓”引申为相遇、碰面。“冓”是“遘”的本字。鱼鳖相见，鳖便显出凶残性情，因为鳖以鱼虾为食。两鳖为争夺死鱼而斗也是时有所闻。当饥饿的大鳖遇见小鳖，甚至还会加以残杀，这是养鳖人所熟知而必须避免之事。鳖在陆地上行走，会抬起长长的脖子，昂然前进。两鳖相遇，精彩可期，因此，古人以两鳖相遇来形容两人相遇。《诗经》：“中冓之言，不可道也。（两人在房内会面时的谈话，不可向他人诉说。）”

甲 金 篆

遘

gòu

走在路上（，辶）相遇的两只鳖（，冓）。

“遘”引申为偶然间的相遇，相关用词如邂逅。

甲 金 篆

两人“相遇”（，冓）时的“谈话”（，言）。

講讲

jiǎng

相关用词如演讲、讲解等。

篆

两“木”（）“相遇”（，冓）。

構构

gòu

无论是木造建筑或木制家具，最费功夫的就是在木头与木头相接之处所施作的“接榫”工程，而接榫必须考虑整体木作结构，因此，“构”引申为建造、设计、结合，相关用词如构造、构成、结构等。

篆

两“水”道（，氵）“相遇”（，冓）。

溝沟

gōu

无论是引水灌溉或排水，都必须从一个水道导引到另一个水道，所以“沟”引申为疏通、引流的凹槽，相关用词如沟通、沟渠等。

篆

两人“相遇”（，冓）时用“钱”（，贝）来进行交易。

購购

gòu

用钱向他人买东西称为“购”。

篆

以鳖代替冉

由于冉被赋予缓慢的意义，于是古人便另外创造了一个“鳖”字来代替。“鳖”是由“敝”与“鱼”所组成的会意兼形声字。

鱉 鳖

biē

看起来“肮脏污秽的”（，敝）“鱼”（）。

鳖全身乌漆抹黑的，给人一种污秽的感觉，因此，古人以“敝”来形容。（“敝”同时也是声符。）

敝

bì

手持枝条（，攴）击打肮脏污秽的布“巾”（）。

古代没有洗衣粉或肥皂，在河边洗衣服的妇女，人手一支短棍，只见她们左手揉搓衣物，右手用棍子将附着在衣物的污秽去除下来。甲骨文是手持枝条击打布巾，在布巾周围添加了四点，像是洗衣服时击布所溅起的污渍。“敝”引申为肮脏污秽的、衰败的，相关用词如敝衣、敝屣、敝帚自珍。此外，早年台湾地区的人们是如何保养棉被或棉袄呢？棉被或棉袄用久了会潮湿变硬，天气好的时候，许多人就把它们拿出来晒，晒干了，再用一条细棍子打，一方面打去灰尘，一方

甲

篆

面是将被压紧的棉花打散开来，恢复原本的蓬松，这样棉被或棉袄才能发挥保暖功能。

将“肮脏污秽”的东西（，敝）用“草”（，艹）盖起来。

蔽

bì

相关用词如遮蔽、蒙蔽等。

篆

两只手（）沾染“肮脏污秽”（，敝）。

弊

bì

“弊”本义为人手所行的恶事，相关用词如作弊、弊病等。《广韵》：“恶也。”《玉篇》：“坏也，败也。”

篆

无意间“看见”（，目）“肮脏污秽”（，敝）。

瞥

piē

“瞥”本是指眼角快速掠过时，无意间发现了他人隐藏的小秘密，引申为眼光掠过，相关用词如瞥见、惊鸿一瞥。《说文》：“瞥，过目也。一曰财见也。”

“心”中（）有一股“肮脏污秽”（，敝）的气。

憋

biē

心中有冤气，无处可发，因此引申为极力忍耐，相关用词如憋尿、憋气等。

撇

piē

或piě。伸手（，扌）抹去“肮脏污秽”（，敝）。

“撇”引申为除去或拂拭，相关用词如撇弃、撇开等。

篆

幣 币

bì

经过许多人手摸过而显得“肮脏污秽”（，敝）的布（，巾）钱。

春秋时期开始流行布币，依其形状区分有铲布、刀布等，若依其轻重厚薄区分则有空首布、平首布。《管子·国蓄篇》说：“以珠玉为上币，黄金为中币，刀布为下币。”可见布币是价值最低的基础货币，发行量相对是最高的。以布当作钱币，流通久了，自然显得肮脏污秽，必须收回重新发行。“幣”引申为各种材质所制成的货币，相关用词如金币、钱币等。“幣”的简体字为“币”。

篆

斃 毙

bì

“死”（）得不干净（，敝）。

“毙”是指意外死亡或恶人遭报应而死。如《左传》：“多行不义必自毙。”相关用词如暴毙、毙命等。

篆

鱼鳖以外的水生动物

龜龟

guī

有背甲的爬行动物。

毕加索是立体画派的开创者，这个画派的主要特色是在一幅作品里同时呈现物体的各层面样貌。其实，三千多年前的中国人已经用到这种技巧了。就以“龟”的甲骨文为例，龟头与龟脚是采正面（或俯视图）描写，而龟背则是采侧面（或剖面图）描写，两种不同角度的样貌却同时呈现在一个象形字里。

“龟”与“鳖”是形状相似的两兄弟，龟兄鳖弟的谚语不少。“龟笑鳖无尾，鳖笑龟粗皮”说明了鳖的尾巴比龟短得多，鳖甲也比龟甲软得多。此外，“千年王八万年龟”说明了两兄弟的寿命都很长，但龟兄似乎略胜一筹。

甲 金 篆

黽黾

mǐn

蛙类。

先秦典籍称蛙类为“蛙黾”或“黾蛙”。古代蛙类为患，掌管去除蛙类的官称作“蝈氏”，这就是《周礼》所记载的：“蝈氏掌去蛙黾。（蝈是发出‘国国’叫声的虫，也就是青蛙。）”现代人似乎很难想象青蛙为患的景象会是如何，曾有一则报导，提到夏威夷蛙害严重，造成房价下滑，由于当地的布

甲 金 篆

里顿雨蛙大量繁殖，一片蛙鸣，让居民困扰不已。黾的金文、、都是蛙类的象形字，篆体、是逐步简化的结果。“黾”后来也泛指水中有脚爪的小生物。

蝇蝇

yíng

蛙类（，黾）喜爱捕食的小“虫”（，虫）。

篆

青蛙的舌头有黏液，且舌根在外，舌尖向内，以方便猎食小昆虫。青蛙猎食技术相当高明，即便是飞行中的苍蝇，只要靠近它的猎食范围，瞬间就被它的长舌头黏进嘴里。

繩绳

shéng

苍“蝇”（）在搓揉细小的绳索（，糸）。

篆

“绳”与“索”都是由两股交缠的植物纤维所制成，两者有何差异呢？《小尔雅》解释说：“大者谓之索，小者谓之绳。”所以，细小的称为绳，粗大的称为索。蝇是常见的小昆虫，喜欢停留在小绳子上，此外，苍蝇停留时，经常有搓脚的习惯，苍蝇搓脚的动作像极了古人搓麻绳的样子。因此种种，“蝇”“糸”便组成了“绳”。《说文》：“绳，索也。从糸，蝇省声。”

除了水产生物之外，其他的几乎都是形声字，以“鱼”为义符的有鲑、鲳、鲸、鲤、鲭、鲷、鲨、鲔、鲈、鲢、鳗、鳝、鳄、魟、魠、鱿、鲍、鲛、鲫、鳅等。

第三章

鸟

自汉朝以来，许多人都认为仓颉是由飞鸟引发灵感而发明文字，这个传说最早记载于东汉徐干的《中论》：“仓颉视鸟迹而作书。”东汉许慎的《说文解字》也说：“黄帝史官仓颉，见鸟兽蹄迒之迹，知分理之可相别异也，初造书契。”既然如此，我们不妨从“鸟”的相关符号来验证这个说法。

与鸟有关的文字符号首推“隹”与“鸟”，就甲骨文构形而言，前者代表飞鸟，后者代表在地上行走的鸟。

隹
雀
翟
羽
弋
非
升

“鸟”所衍生的基础构件

示意图	楷书	古字	构字意义
	隹		飞鸟
	雚		头顶有“角毛”的“鸟”，角鸮也
	雉		猎人喜爱“射杀”的“鸟”
	鷹		“人”在“屋棚下”命令所豢养的大“鸟”去抓小“鸟”。
	隼		能准确抓住猎物的鸟
	雞		被当作“奴隶”囚困的“鸟”
	雀		“小”“鸟”
	雁		“人”所喜爱的“岸”边大“鸟”
	鳥		在地上行走的鸟
	乌		全身漆黑的“鸟”
	凤		从“边境”外飞来的大“鸟”
	鳶		被“弋”箭射中的“鸟”
	燕		张开双翅飞翔的燕子

“隹”——飞翔的鸟

“隹”的甲骨文 [甲骨文字形]、[甲骨文字形]、[甲骨文字形]、[甲骨文字形] 除了描写鸟头与尖嘴之外，还描写了飞翔的翅膀。为什么没有描写鸟的脚呢？因为它是一只飞翔中的鸟。

猫头鹰

萑

huán

头顶两侧有“羽毛角”（[字形]，丱）的“鸟”（[字形]，隹）。

甲骨文 [甲骨文字形] 及篆体 [篆体字形] 是一只头顶两侧有角毛的鸟——角鸮，俗称猫头鹰。《说文》：“萑，鸱属，……有毛角。”《玉篇》：“鸱鸮，恶鸟，捉鸟子而食者。又角鸱。”（汉字符号“丱”是代表头顶两侧所扎的发角，音guàn）

[甲骨文字形] 甲

[篆体字形] 篆

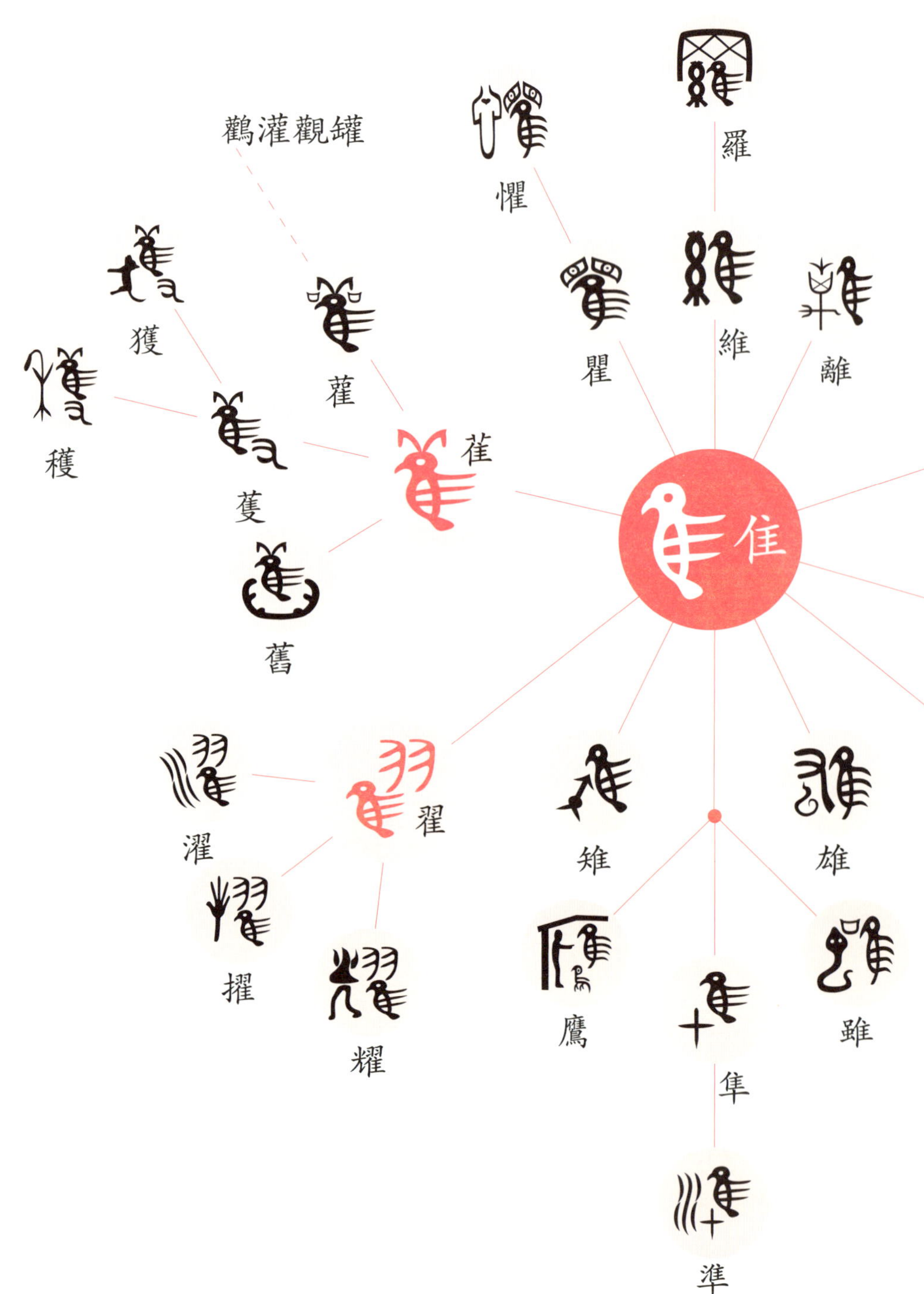
鸛灌觀罐
羅
懼
瞿
維
離
獲
雚
穫
蒦
萑
隹
舊
濯
翟
雉
雄
擢
耀
鷹
隼
雖
準

蕉礁醮瞧樵譙
雛
雀
焦
進
雁
雋
雞
催
雇
顧
奪
隻
奮
雙

雚

guàn

"连连啼叫"（，）的"角鸮"（，萑）。

猫头鹰在夜间常会发出"呜——呜——"的声音，因此，"雚"的甲骨文表示一只"连连啼叫"（）的"猫头鹰"（，萑）。金文及篆体则是逐步调整笔顺的结果，然而，就变得像是猫头鹰的大眼睛了。角鸮的"鸮"，顾名思义，是一只会吹"号"的"鸟"。

甲 金 篆

勸 劝

quàn

"角鸮"（，萑）努"力"不懈（）地发出"催促声"（，吅）。

猫头鹰在林间不断发出"呜——呜——"声，彷佛是催促旅人，勿逗留林间，赶紧回家去吧。

"劝"引申为再三的忠告，相关用词如劝告、劝导等。《论语》："举善而教，不能则劝。"《尚书》："劝之以九歌，俾勿坏。"

篆

舊 旧

jiù

"角鸮"（，萑）栖息在旧有的"巢穴"（，臼）中。

角鸮本身不筑巢，但是会利用天然树洞或其他动物废弃不用的老巢，产卵繁殖。相关用词如陈旧、破旧等。"舊"的简体字为"旧"。

甲 金 篆

蒦

huò

伸“手”（，又）抓住“角鸮”（，萑）。“蒦”引申为获得。“蒦”是“获”的本字。

金 篆

獲获

huò

驱使猎“犬”（）“捕得猎物”（，蒦）。

篆

穫获

huò

“获得”（，蒦）“禾”谷（）。“穫”与“獲”的简体字为“获”。

篆

美丽的雉鸡

雉

zhì

猎人喜爱“射杀”（，矢）的“鸟”（，隹）。“雉”的甲骨文是以箭射鸟的象形文。匹夫无罪，怀璧其罪，拥有美丽羽毛的雉鸡很自然地成为人类猎取的对象，于是射杀雉鸡便成为古代重要的田猎活动。晋朝潘岳曾写了一篇有名的《射雉赋》，而更早的周朝典籍也常见射雉记载，如《春

甲 篆

秋左传》记载一则贾大夫射雉鸡的趣事。贾大夫是一位贤臣，其貌不扬，却娶了一位美貌的妻子，或许是因为妻子嫌丈夫丑恶，以至于郁郁寡欢。虽然贾大夫想尽各种办法来取悦她，但她总是不言不笑，度过了三年。有一天，贾大夫驾车载着妻子兜风，来到水岸边，突然从芦苇丛中飞出一只美丽的雉鸡，贾大夫瞥见一道五彩的羽尾划过天际时，随手拉弓，咻——，不幸的野雉应声落地。意外展露的不凡身手，没想到却博得美人灿然一笑。事后，贾大夫得意地对人说："看来，每一个人无论如何都要学点本事，就拿长得丑恶的我来说，若没有一点骑射的本领，想要博得妻子一笑，也都难如登天啊！"

翟

zhái

或dí。雉"鸟"（，隹）的"羽"毛（）。雉是一种长尾山鸡，其鲜艳的羽毛用途广泛。古代人用雉鸡的五彩羽毛装饰篷车、衣裳或大旗，在祭典时，则手持长尾羽跳舞。雉鸡的长尾羽称之为"翟"，相关衍生字皆与此有关。

金

篆

“鸟”（，隹）在“水”中（，氵）清洗“羽”毛（）。

濯

zhuó

喜欢戏水的鸟儿种类相当多，台湾蓝鹊洗完澡后，不但会颤动翅膀，还会甩甩漂亮的尾巴，模样极为可爱。“濯”引申为洗涤，如《楚辞·渔父》云：“沧浪之水清兮，可以濯吾缨。”

金

篆

雉鸡的羽毛（，翟），“光”（）彩夺目。

耀

yào

孔雀也算是雉鸡的一种，当孔雀开屏炫耀一身亮丽的羽毛时，总能吸引众人的眼光。“耀”引申为光彩明亮，相关用词如荣耀、炫耀、耀眼等。

篆

“手”拔（，扌）“鸟羽”（，翟）。

擢

zhuó

美丽的雉鸡羽毛，常被人类拔取以作为装饰品。“擢”引申为拉拔，相关用词如拔擢、擢升等。

篆

鹰隼

鹰

yīng

"人"（）在"屋棚下"（）命令所豢养的大鸟（，隹）去抓小"鸟"（）。

"鹰"的金文构字概念与甲骨文（后）及（司）相同，因此，表示人对鸟发命令，这是养鹰人对所驯养的猎鹰发出命令。篆体添加了"鸟"与"广"，用以诠释鹰住在养鹰人的屋檐下，且会猎捕其他鸟类。古代的辽金游牧民族训练一种称为"海东青"的猎鹰来追捕大雁。《后汉书》等古籍都有豢养"猎鹰"的记载。而由"鹰"的构形可知，中国豢养猎鹰的文化可以上溯至商周时期。

金 篆

隼

sǔn

擅长于向下俯冲（，才）且准确地抓住下方猎物的猎鸟（，隹）。

"隼"的俯冲时速可达三百八十公里，是世界上飞得最快的鸟类。它先飞到猎物上方，将翅膀收拢，然后迅速旋转直下，精准地冲向猎物，再以脚掌击昏猎物或抓取猎物头部。《埤雅》赞誉隼："鹰之搏噬，不能无失，独隼为有准，故每发必中。"篆体代表有一种鸟（）能准确地以脚爪抓取下方（，才）的猎物。"才"的金文代表将一根坚实的木材牢牢钉在地上（请参见"才"）。由于，"隼"能准确击中目标，所以衍生出"準"（准）。

篆

能“准确地”（隼，隼）测量“水”（水，氵）平的仪器。

準准

zhǔn

“准”是古代测量水平的仪器。《庄子·天道篇》说：“平中准，大匠取法焉。”《说文》也说：“准，平也。”由此可见，周朝人已知道水具有平准的特性，能作为测水平的工具，所以“准”引申出标准及准则等意涵，相关用词如水平、准时等。

准 篆

“蛇”（虫）与“鸟”（隹，雀）张“口”（口）对决。

雖虽

suī

金文雖及篆体雖在蛇与鸟之间加了一个“口”，用以代表两者张口对咬。古人发现，蛇会吞吃鸟类，但鹰隼却也能捕蛇。蛇鸟对决，生死未卜，因此，“虽”常用作转折语比如：“虽然……，但是……”。

雖 金

雖 篆

农桑益鸟

会在门“户”（户）外呼叫农人耕作的“鸟”（隹，隹）。

雇

gù

《布谷鸟》是许多人都唱过的一首儿歌：“布谷、布谷，快快布谷，春天不布谷，秋收那有谷……。”大意是说，布谷鸟不断用“布谷、

雇 甲

雇 篆

布谷”的叫声催促农民赶快起来播种。在过去的农村里，布谷鸟极为常见，叫声嘹亮。当冬季渐渐过去，布谷鸟就会回来，农民一听到鸟叫声，就知道春天来临了。对农民而言，布谷鸟是益鸟，能帮农民吃掉害虫，却不会吃农作物，秋天无虫可吃，它们就吃松果。古人将有益农民的鸟类，统称为“农桑益鸟”，或称之为扈。“扈”的甲骨文 、 、 代表一只“鸟”（ ）在门“户”（ ）外面鸣叫，似乎是在催促屋内的人赶快出来耕种，别再贪睡了。后人将“扈”改作“雇”（ ），由于农桑候鸟好像是农人聘请的工人一般，认真尽责，所以，“雇”引申为花钱聘请他人帮忙，如雇请、聘雇等。

《左传》记载，远古时代，少皞氏当君王时设立了九种农官，分别以九种农桑候鸟当作官名，而这九种农官统称为九扈（或九雇）。他们的职责主要是在各个节气来临时，教导人民有关农作之事。贾逵解释：“春扈，趣（或驱）民耕种者也；夏扈，趣民耘苗者也；秋扈，趣民收敛者也；冬扈，趣民盖藏者也。”

金

篆

顧顾

gù

一只农桑候鸟（ ，雇）将一个人（ ，页）叫醒。

是一个有趣的金文，用来描写一只啼叫的鸟将一个人（ ，页）惊醒。在古代，公鸡也是一种农桑益鸟，因此，这个金文所描写的极可能是一只司晨的公鸡。篆体将其中啼叫的“鸟”改作“雇”，更凸显了该鸟具有农桑益鸟的角色。在先秦典籍中，“顧”与“雇”原本是通用的，但现今多引申为看管的义涵，相关用词如看顾、照顾等。的构字概念与（嚣）相近，代表一个人（，页）被周围的喧哗声（四个口）吵得气往上冲，因此，“嚣”引申为令人烦躁的吵杂声，如喧嚣。

雄

xióng

篆

一只“声音宏亮”（，厷）的“鸟”（，隹）。

公鸟（或公鸡）的声音生来就比母鸟更洪亮，因此“雄”就是公鸟。引申为男性的、强壮威武，相关用词如英雄、雄壮。

烤野鸟

焦

jiāo

金

篆

以“火”（）烤鸟（，隹）。

在荒郊野外捕获禽鸟，最简易的料理方式就是用火烤。“焦”的本义是以火烤鸟，但由于烧烤时，鸟毛必定会烧焦，所以“焦”引申为将物体烧黑，或是烧黑所发出的气味。

難难

nàn

或nán。掉入“黄黏土”（，堇）里的落难“鸟”（，隹）。

当鸟儿羽毛被黄土黏上就飞不起来了，于是成了落难鸟。中国古代还流行一种特殊的烤鸟方式，就是将黄色黏土涂裹鸟的全身，再将之投入火窑里烤。烤熟后，只要将黏着羽毛的焦黑黏土剥除，就可享用香嫩的鸟肉，完全免去除毛的麻烦。这种作法称作“叫化鸡”，相传是乞讨的叫花子所发明的。另一个篆体在“难”（）底下又添加了“火”（），似乎就是“落难鸟遭火烤”的写照。

金 篆

雋隽

juàn

或jùn。用“弓”（）射下来的野鸟（，隹）。

先民辛苦猎捕鸟兽，吃起来似乎感觉特别鲜美。“隽”的本义是拉弓射鸟，引申为肥美的滋味，耐人寻味，相关用词如隽永。

篆

抓鸟

隻只

zhī

“手”里（，又）抓着一只“鸟”（，隹）。

“只”的本义是一只鸟，引申为量词、孤单一人，相关用词如只身等。《说文》：“只，鸟一枚也”。“隻”的简体字为“只”。

甲 金 篆

雙双 shuāng

“手”（ ，又）中有“二鸟”（ ）。

“双”引申为成对、匹配或当作量词，相关用词如成双、无双等。“雙”的简体字为“双”。

奪夺 duó

一只“鸟”（ ，隹）被“人”（ ）“抓”（ ，寸）走了。

金文 表示抓（ ）到一只小（ ）鸟（ ）再藏进“衣”服（ ）里；篆体 则把“衣”改成“大”，表示一只鸟被人（ ）抓走了。“夺”引申为强取、削除，相关用词如抢夺、剥夺等。“奪”的简体字为“夺”。

金 篆

奮奋 fèn

衣“人”（ ）驱赶“田”（ ）里的“鸟”（ ，隹）。

鸟儿聚集在田里吃谷物，怎么办呢？金文 表示脱下“衣”服（ ）以驱赶田里的鸟，于是鸟立刻振翅飞走，引申为振动、高举、振作等，相关用词如奋斗、兴奋等。篆体 把“衣”改成“大”，表示人前往驱赶田中的鸟。

金 篆

被豢养的鸟

雞鸡

jī

被当作"奴隶"（，奚）囚困的"鸟"（，隹）。

捕获的禽鸟要是吃不完，便将它们关起来饲养。"鸡"的甲骨文及篆体代表把鸟（、）当作奴隶（、），因"代表颈项上有锁炼的奴隶，请参见"奚"。

甲

篆

鶵雏

chú

或雛。需要他人"拔草"（，刍）喂食的幼鸟（，隹）。

鸡鸭是杂食的鸟，吃青菜、嫩草、谷物或果实。现代人常用米或饲料喂养小鸡小鸭，但古代人想必是喂以嫩草或蔬菜吧。"鶵"的简体字为"雏"。

金

篆

其他

雀

què

“小”型（，）鸟（，隹）类。

“雀”的甲骨文及篆体都是由“小”与“隹”所组成，泛指小鸟。相关用词如麻雀、雀跃、雀斑等。

甲 篆

瞿

qú

雀鸟（，隹）警觉向左右观看（，目）。

篆体描写雀鸟一边啄食一边警觉地环顾四周的样子。“瞿然”是惊视的意思。“懼”（）是从瞿衍生而来，表示“雀鸟惊惶张望”（）的“心”（），引申为惊恐害怕的意思。

篆

進进

jìn

一只“鸟”（，隹）向前“行走”（，辶）。

古人发现鸟无论是走路或飞翔，只会往前而不会往后退，因而创造这个字。“进”的本义为向前走，引申为走到前面、里面，相关用词如前进、进步、先进、进货等。“進”的简体字为“进”。

金 篆

雁

yàn

人（亻）所喜爱的“岸”（厂，厂）边大“鸟”（隹，隹）。

“雁”的篆体有鳫、鳫、雁、雁等构形，鳫表示栖息在水岸边（厈，岸）的鸟（鳥）；鳫及雁表示岸边（厂）的鸟（隹）；雁添加了人，代表这是人喜欢猎捕的岸边大鸟。

古代读书人喜欢以雁为贺礼，因为大雁是极为聪明且合群的动物。由“雁”的相关用词可体会出古人对雁的看法，“雁行千里”说明大雁的候鸟习性与能耐；“雁天”表示入秋，是雁鸟南迁的季节；“雁奴”是雁鸟栖息时专司警戒的雁鸟；“雁字”是雁鸟飞行的队形；“雁序”是雁鸟飞行的顺序，“雁行失序”则是雁鸟中箭掉落而打乱了飞行次序，古人用此描写失去兄弟的悲恸；“鱼雁往返”则是以雁鸟定时飞行的特性来形容两个好友间书信的一来一往。

雁 篆

“鸟”——在地上行走的鸟

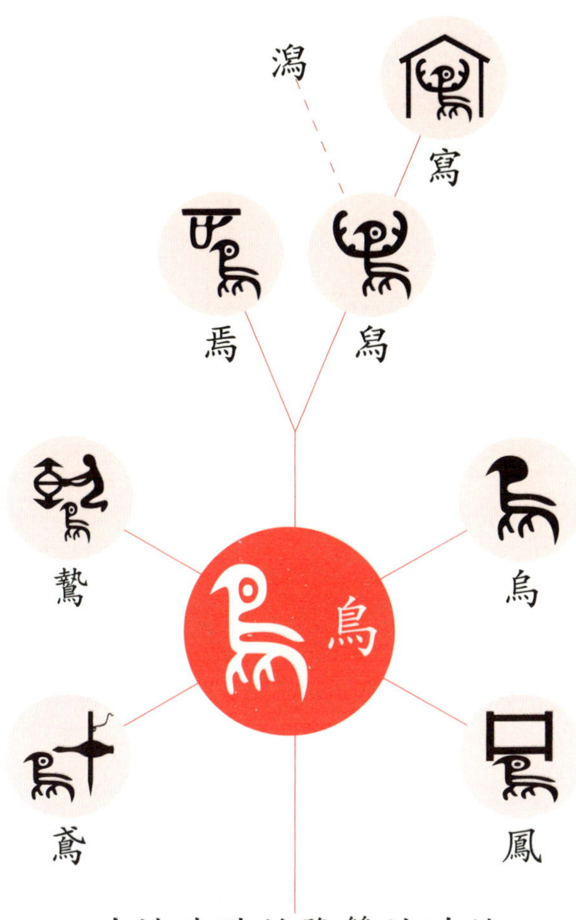

“鸟”的甲骨文、金文及篆体描写一只在地上行走的鸟，有鸟头、眼睛、脚爪、尾巴及身体。“鸟”的甲骨文、金文及其衍生字，比“隹”少得多。有不少鸟的形声字，都是后期所发展出来的文字，在此就不赘述了。

烏乌

wū

全身漆黑的“鸟”（）。

乌鸦全身是黑的，连整个眼眶也都被黑眼珠所填满，完全看不见眼白，似乎让人看不见眼睛在哪里，因此，造字者隐蔽了“鸟”眼，就成了“乌”。

篆

鳳凤

fèng

从“边境”（冂，凡）外飞来的大“鸟”（）。

周朝的《礼记·月令》记载当时农业社会的各种节气。书中提到，深秋时，中原就进入白露节气，天气渐渐寒冷。这时候，从西伯利亚吹来寒冷的北风，带来了一批批前来避冬的大型候鸟——鸿雁，而畏惧寒冷的燕子——玄鸟，也纷纷回到温暖的南方栖息地。这就是《礼记》所谓的“仲秋之月，盲风至，鸿雁来，玄鸟归，群鸟养羞。”然而，北风不仅带来大型候鸟，也带来了凤凰。《白虎通》说：“凤鸟乘于风。”可见，凤凰也是乘着西伯利亚的冷风而来避冬。

“凤”的甲骨文、、、是由凡与鸟两构件所

甲

篆

组成，代表从“边境”（，凡）外飞来的大“鸟”（、）。到了东周，篆体更清楚地将凤改成“凡”（）与“鸟”（）的组合，因而形成今天的凤（）。

古籍描写凤鸟所具有的特性，包含鸡首、蛇颈、鱼尾、体型巨大，群飞（凤飞群鸟从），善于舞蹈，叫声嘹喨，象征吉祥，栖息在中国东北方等，这些特性其实与丹顶鹤等大型候鸟是非常接近的。自古以来，丹顶鹤被称为仙禽，象征吉祥长寿。美国西南航空公司曾有一架飞机在飞行途中遭遇一百多只巨鹤，机身受损，迫降到邻近的空军基地。根据媒体报导，被机头撞死的巨鹤足足有四米长，体重约十公斤。

舃

xì

“鸟”（）嘴衔着一条条的草编织出“鸟巢”（，臼）。

织布鸟是辛勤的纺织工。每到生殖季节，雄鸟就会把衔来的植物纤维缠吊在树枝上，然后用嘴来回编织，穿网打结，织成一个坚实的巢颈。之后再由巢颈往下编织成一个空心的巢室，而巢的底部则留有开口。密封的巢顶可以防雨、防晒。除了织布鸟之外，周朝人深知鹊鸟擅于以嘴筑巢。《诗经·召南·鹊巢》说：“维鹊有巢，维鸠居之”。《礼记·月令》也说：“季冬鹊始巢”。所以古人也称鹊鸟为“舃”，如元朝沈禧提到：“喜迎皃舃。”这里所说的“皃舃”就是“喜鹊”。

金

篆

“舄”的构字本是由“鸟”与“臼”所组成，因为鸟头钻进巢里编织，只露出鸟的身体，故造字者将鸟头省略。

寫 写

xiě

在屋内（，宀）一笔一划地写字，就好像织布鸟用一条条的草编织出鸟巢（，舄）一般。

相关用词如书写、写字等。（写、字、学等与习字有关的汉字都有“宀”的构件，显示周朝人重视在屋内学写字的学校教育。）

篆

焉

yān

美丽的“鸟”（）飞往（，之）天上（一）去了。

（请参见“正”的衍生字）。

金

篆

鷙 鸷

zhì

擅长“拘捕”（，执）其他动物的“鸟”（）。

鹰隼具有一双利爪，能猎捕其他动物或鸟类。所谓“鸷鸟”，就是猛禽。猛禽喜欢独来独往，所以《离骚》说：“鸷鸟之不群兮。”“鸷”本义为猛禽，引申为凶猛的意思。

篆

鳶鸢

yuān

被"弋"箭（）射中的"鸟"（）。

"鸢"诉说着一段"风筝"的典故。当飞翔的鹞鹰被弋箭射中时，弋箭的丝绳一端在鸟身上，另一端在猎人手上，这个画面有如人牵拉着飞翔中的鹞鹰。古人仿此景像制作"纸鸢"，也就是在纸上画了鹞鹰，制成纸鸟，再以丝绳系在纸鸟的骨架上。今天称纸鸢为"风筝"。"鸢"有鹞鹰及风筝两个义涵，相关用词如纸鸢、鸢飞戾天等。

篆

“弋”——古代独特的猎雁技能

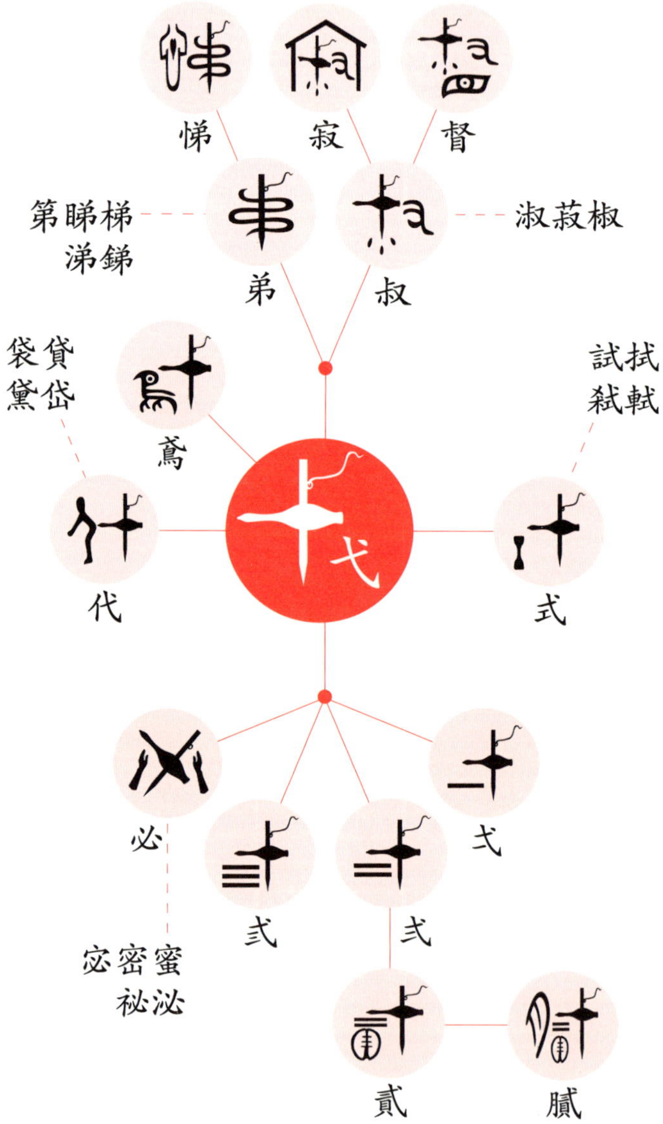

悌　寂　督

第睇梯
涕銻

弟　叔

淑菽椒

袋貸
黛岱

鳶

試拭
弑軾

代

弋

式

必

弌

弎　弍

宓密蜜
祕泌

貳　膩

中国常见的大雁有鸿雁、豆雁、白额雁等。大雁重达数公斤，翎毛还可当饰品，所以经济价值高，自古以来就有以猎雁为业的人。每逢春天，猎人结伴来到雁群栖息的河边大举猎雁。从古到今所使用的猎雁技巧都有很大的差别，近代猎人以枪射雁，古代以箭射雁，或以猎鹰来捕雁。然而，甲骨文、金文及篆体所透露的则是商周时期的弋雁之术。

弋雁，又称弋射，是古代的群体渔猎活动。所谓弋雁之术，首先取笔直的枝条，将枝头削尖以做成箭，再将丝绳绑在箭上，称为“弋箭”。商周时期，更发展出青铜或铁制的弋箭。当猎人来到野雁栖息地，便以弓发射此弋箭，被射中之大雁，因有丝绳牵绊，难以脱逃，而且弋箭也不易丢失。从考古文物来看，1977年湖北省随县发现一座古墓，是战国时期曾侯乙墓，墓中挖掘到一个青铜壶，壶上刻画一幅弋雁图，可以看到每一支射出去的箭，后面都系着一条长长的丝绳。弟、必、代、鸢等由弋所衍生的古字都在描写与弋雁有关的故事。

弋

yì

甲 金 篆

用一支绑着绳子的箭（ ）射落一只飞鸟（ ）。

“妰”是古代姓氏，金文 、 是“女、弋”的合体字，应是描写古代靠弋箭维生的女人所生养的族群。“弋”的甲骨文 、 是一支尾巴绑着绳子的箭射插在地上，金文 、 是一支绑着绳子的箭射落一只鸟，篆体 及 则是调整笔顺后的结果。另一个篆体 则添加了一只鸟，使其意义更加明显。“弋”本义为射雁的箭或中箭的大雁，引申为捕捉猎物，相关用词如弋获、弋雁等。《韵会》：“弋，缴射飞鸟也。”《诗经》：“弋凫与鴈。”疏：“弋谓以绳系矢而射也。”

《论语·述而》：“子钓而不纲，弋不射宿。”文中赞誉孔子捕鱼时，仅仅钓鱼，却从不撒网捕鱼；弋射时，仅射飞雁，却不射停宿的鸟，可见孔子还颇有生态保育的观念。

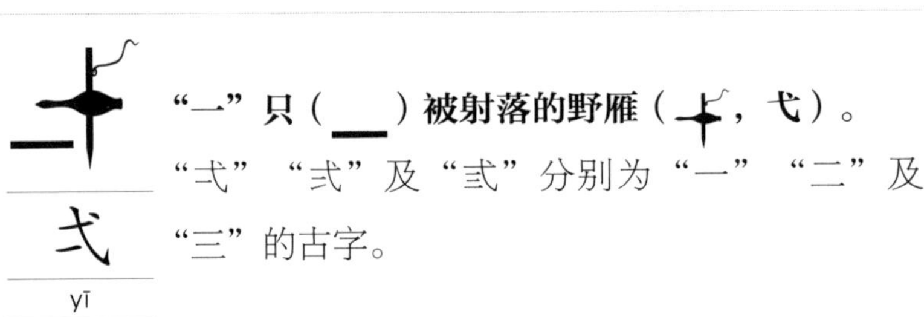

弌

yī

“一”只（ ）被射落的野雁（ ，弋）。

“弌”“弍”及“弎”分别为“一”“二”及“三”的古字。

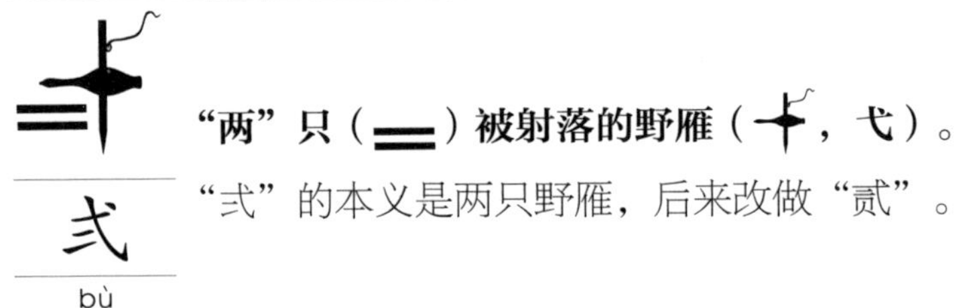

弍

bù

“两”只（ ）被射落的野雁（ ，弋）。

“弍”的本义是两只野雁，后来改做“贰”。

金

篆

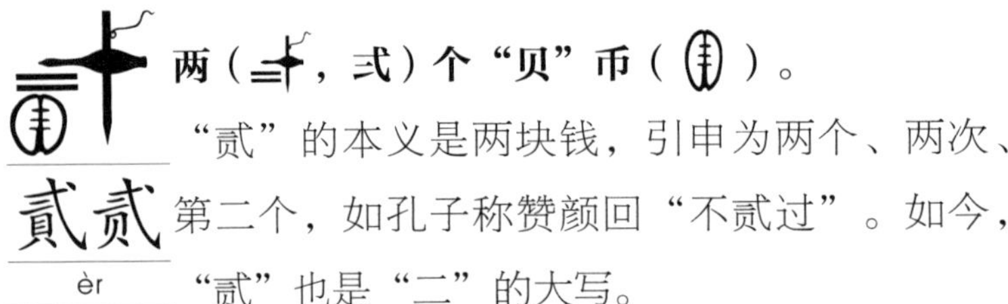

貳贰

èr

两（ ，弍）个“贝”币（ ）。

“贰”的本义是两块钱，引申为两个、两次、第二个，如孔子称赞颜回“不贰过”。如今，“贰”也是“二”的大写。

篆

腻膩

nì

两（贰，贰）块肉（月，月）。

一个人一块肉刚刚好，多吃了就会腻。“腻”引申为过多、使人厌烦，相关用词如油腻、吃腻等。

篆

弎

sān

“三”只（三）被射落的野雁（弋，弋）。

代

dài

猎“人”（人）更换“弋”箭（弋）。

“代”主要有两个引申义，一个是替换，因为当野雁从栖息地一只只起飞之后，猎人必须快速将弋箭搭上弓弦射出去。“代”就是描写弋箭一支接一支更替上弦的景象，相关用词如替代、代理、代表等。“代”的另一个引申意涵是更迭的时间，相关用词如朝代、世代、年代等。

篆

必

bì

“分”（，八）配中箭的大雁（，弋），乃必然之事。

金文及篆体都是由“弋”与“八”所构成的会意字，代表分配（）中箭的大雁（）。八，分也。古人以弋箭猎取野雁，通常是群体一起行动，打猎结束后必然要分配猎物。“必”引申为一定，相关用词如必然、必须、必备等。

金

篆

弟

dì

受“绳子”（，己）约束的“弋箭”（）。

“弟”的甲骨文、金文、、及篆体都是“弋、己”的合体字，代表将射雁的“弋”箭系上“丝绳”（，己）。“弟”本义是一只以丝绳约束的弋箭，引申为须受兄长约束的人，相关用词如弟妹、兄友弟恭等。《广雅》：“弟，顺也，言顺于兄”。

甲

金

篆

悌

tì

为“弟”（）之“心”（）。

“悌”引申为对兄长恭敬顺从，儒家重视孝悌之道，在家孝顺父母，出外顺从兄长。《论语》：“其为人也孝悌，而好犯上者鲜矣。”《孟子》：“入则孝，出则悌。”

负责“捡拾”（，又）远远射出去的细“小”（）“弋”箭（）。

叔

shū

古代君王及达官贵人多喜爱畋猎，甚至还设有掌管弋射的官，称之为“佐弋”。当年长者（或地位较尊贵者）享受射箭之乐时，较年幼者（或地位较低者）则负责捡拾掉落的弋箭及中箭大雁。“叔”的金文、都是由“弋、小、又”所组成的会意字，本义为捡拾弋箭，引申为较年幼或辈分较低的，相关用词如叔伯、叔父、叔世（晚世）等。《说文》：“叔，拾也。”

金 篆

捡拾弋箭者（，叔）的眼睛（）。

督

dū

弋箭射出去后，负责捡拾弋箭的人必须睁大眼睛查看有没有射中，同时也要仔细判断它落到哪里，否则失去猎物及弋箭可是要挨骂的。“督”引申为仔细察看，相关用词如督察、监督等。

篆

小“叔”（，叔）在家（，宀）里应守的本分。

寂

jì

周朝人非常注重伦理，讲求长幼有序，做弟弟的要听哥哥的话，因此，小叔必须学习安分守己，不要任意主张。此外，未婚的小叔相对于已婚兄长而言，也是较为孤单寂寞的。“寂”引申为安静无声，相关用词如寂静、寂寞、孤寂等。

使用“工”具（ ）大量制作相同规格的“弋”箭（ ）。

式

shì

殷墟文化出土大量的青铜模具，其中也包含制作弋箭的模具。“式”引申为规范、样子，相关用词如公式、款式、仪式等。金文 代表一支金属弋箭，可见是用模具铸造出来的。

金

篆

提到古代的射雁高手，就免不了想到唐太宗时的薛仁贵。他年幼丧父，家境贫寒，天生蛮力，食量奇大，平日除了耕田之外，还必须到处打猎才能糊口。薛仁贵为了射雁，练就百发百中的技能。他的家乡附近有一处水岸，是野雁栖息之地，名叫“红蓼滩”，是他最常涉猎的地方。据说他不但常常一箭双雕，还能射中其咽喉，甚至有过一箭射穿七只野雁的纪录。最后，大批野雁因惧怕薛仁贵的箭，都纷纷远避他处。几年后，唐太宗为了征服邻国，招募勇士。无雁可射的薛仁贵，于是听从妻子柳银环之言，前往参军。因他善于骑射，骠勇强悍，立下彪炳战功，最后被封为骁卫大将军，但也因性格刚烈，几经贬谪。

薛仁贵的故事，借着戏剧，不断被后人传颂。其中有一段薛仁贵“三箭定天山”，话说北方突厥侵犯大唐，突厥头目号称“天山射雕王”，手下也个个都是骁勇善射的勇士，但薛仁贵毫无畏惧。战场上，只见一位身穿白袍、骑白马的将军，单枪匹马冲入敌营，连发三箭，突厥三位领军大将元龙、元虎、元风，应声倒地，最后，吓得敌军纷纷下马归降。

后人为了纪念薛仁贵，于是在他年幼射雁的红蓼滩上，盖了一座射雁塔，塔高二十米，八层八面。游客登上白虎冈，便可眺望汾河湾边红蓼滩上的射雁塔。

“羽”——一对鸟翅

羽

yǔ

一对翅膀。

“羽”的甲骨文以鸟身上的一对翅膀及两点羽毛来代表全身羽毛，篆体则省略细小羽毛仅保留一对翅膀。相关用词如羽毛、羽球等。

甲 篆

翅

chì

从鸟体分“支”（）而出的“羽”翼（）。

篆

翹 翘

qiào

或qiáo。鸟儿“高高”（，尧）张起双翅（，羽）。

篆

扇

shàn

或shān。能像鸟的“双翅”（）任意开合的门“户”（）。

“扇”的本义是指能开合的门，引申为可来回开合之物，相关用词如门扇、扇子等。

篆

用武器（，戈）将他人“项上人头”（，兀）砍飞（，羽）。

戮

lù

“戮”是描写战场中被斩头而身首异处的残酷景象。金文是由“歺”“羽”“兀”所组成，代表项上人头（，兀）长翅膀（）飞走了，仅剩一堆残骨（，歹）。篆体将“歺”改成“戈”，代表用武器将人头砍飞。“戮”引申为杀死，相关用词如杀戮、戮尸等。

金

篆

小鸟（或鸟人）在“白”（）天挥动“羽”翼（），练习飞翔。

習 习

xí

“习”的甲骨文是由“白”“羽”两符号所组成，代表在白天不断挥动羽毛练习飞翔，因为在晚上，视线不清楚。相关用词如练习、学习、习惯等。“习”所描写的对象到底是小鸟还是鸟人呢？古代称呼“鸟人”为“羽人”，就是穿着羽毛衣飞翔的人（请参见“翏”）。有些夜行性鸟类擅长在夜间飞翔，它们的幼鸟显然也能在夜间练习飞翔，这样看来，在白天练习飞翔的或许是古代鸟人吧！？

甲

篆

想飞的人

翏

liù

振翅（羽，羽）高飞的羽人。《说文》："翏，高飞也。"

"翏"的金文及篆体含有"羽"及"人"两构件，因此，"翏"是在描写古代的"羽人"。何谓羽人？古代称身上装着翅膀飞翔的人为"羽人"，这应该算是人类最早的滑翔翼纪录。在先秦典籍当中，有两段羽人的故事，相当耐人寻味。《晏子春秋》记载，春秋时期，晋朝国君景公容貌俊美，有一个羽人潜入皇宫偷窥景公的容貌（原文：景公盖姣，有羽人视景公僭者），结果被抓，差一点被杀头。幸亏，出使晋国的大臣晏子恰好觐见，对景公晓以大义，及时挽救羽人的性命。据《汉书·王莽传》记载，王莽建立新朝以后，北方匈奴入侵，于是王莽下令招募勇士来担当重任，结果，许多身怀绝技者蜂拥而至。其中，有一男子自称擅长飞翔，可以空降到匈奴境内窥探敌情。王莽命他当场表演，只见此人取出两支自制的大鸟翅膀，然后将它们紧紧绑在自己的身上，又将羽毛黏在身上各处，再装上环钮，双脚一蹬，果然腾地而起，飞了起来，一直飞行数百步才坠落（原文：取大鸟翮为两翼，头与身皆著毛，通引环纽，飞数百步堕）。由这两个典故可看出，古代确实有不少装上翅膀飞翔的人。由此可见，想飞是人类自古以来的愿望，而"翏"也正是羽人的代表符号，翏的衍生字几乎都具有随风飞扬的意涵。

金

篆

站在"屋棚"（，广）上练习飞翔的"羽人"（，翏）。

廖
liào

廖姓可算是中国最早的姓氏之一。据先秦典籍记载，远在尧舜时期，就已经有一位叫做廖叔安的人，其后人在夏朝时受封于廖国。"廖"又写作"飂"，飂，顾名思义，就是借"风"飞翔的"羽人"。由构字来看，"廖"显然与飞翔的羽人有极深的渊源。另外，《吕氏春秋》记载，舜在位的时候，廖叔安的裔子能驯龙，受封为豢龙氏，可见，廖姓祖先当中，身怀绝技的能人异士还真不少。

篆

繆缪
móu

或liǎo;miù。**"羽人"（，翏）用"绳子"（，糸）将翅膀缠绕在身上。**

"缪"引申为紧紧地缠绕。在古籍中，缪多半具有缠绕的意涵。如《诗·豳风》："绸缪牖户。"《汉书·司马相如传》："缪绕玉绥。"又如《汉书·孝成赵皇后传》："即自缪死（绞死也）。"

篆

膠胶
jiāo

"羽人"（，翏）将羽毛黏在自己的"肉"上（，月）。

"胶"引申为黏住，相关用词如胶带、黏胶等。《说文》："胶，昵也。作之以皮。"【徐曰】

篆

“昵，黏也。”《尔雅·释诂》：“胶，固也。”【疏】“胶者，所以固物。”

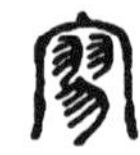

篆

寥

liáo

屋（宀）子里的人已经远走高飞（翏）。

“寥”引申为空寂，相关用词如寥落、寥寥无几。《楚辞·九辩》：“寂寥兮收潦而水清。”《老子》：“寂兮寥兮，独立而不改。”

金

篆

蓼

liǎo

或lù。随风飞扬（翏）的野草（艹）。

有一种药用植物，味道苦涩，叫做“大飞扬草”，叶子像一对对翅膀，风吹起时，像是展翅飞翔的样子，因而得名。大飞扬草的特性与古籍的记载相当贴近。如《本草·释名》：“蓼类性皆飞扬，故从翏，高飞貌。”《诗经》：“蓼蓼者莪。”

篆

謬谬

miù

高飞（翏）的“言”论（言）。

“谬”引申为不实的言论，也就是俗话说的“谣言满天飞”，相关用词如荒谬、错谬等。

“非”——一对张开的翅膀

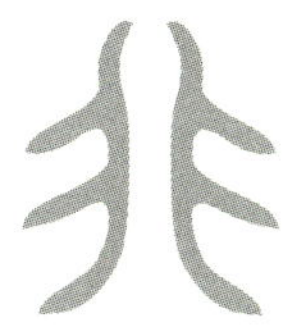

“非”的金文是在描写一对张开的翅膀，篆体是调整笔画后的结果。“非”的本义为一对张开飞翔的翅膀，但是由于两只翅膀背对背，所以引申出互相违背、反向、矛盾错误等义。这种构字概念与北（）相近。先秦典籍中，“匪”常与“非”通用，如夙夜匪懈等。

斐

fěi

鸟张开的双翅（，非）所展现的美丽纹彩（，文）。

“斐”引申为耀眼夺目的、显著的，相关用词如斐然等。

篆

扉

fēi

开合的门“户”（），就像鸟张开的双翅（，非）一样。

相关用词如门扉、心扉（心门）。

篆

排

pái

双“手”（，扌）像张开的鸟翅（，非）一样。

“排”引申为向左右推开。

篆

燕

yàn

张开双翅（，非）飞翔的燕子。

甲骨文、、都是在描写一只张开双翅飞翔的燕子，篆体将张开的双翅写成“非”，另一个篆体将双翅简化成“北”。

甲

篆

罪

zuì

为“非”（）作歹之人，陷入法网（，网）里。

悲

bēi

为“非”（）作歹后的心（），伤痛懊悔。

篆

誹诽

fěi

以“言”语（）非议他人，批评他人不对（，非）的地方。

舜立木牌于桥边，任人批评时政，书写政治得失，后世称之为“诽谤之木”。这段典故记载于《淮南子》：“尧置敢谏之鼓，舜立诽谤之木。”

篆

翻

fān

将土反过来（，非）以便播种（，番）。篆体代表“播种”时（），要先将“草”（）地“翻转（）。（非）是一双背对背的翅膀，有翻转过来的意义。另一个篆体则将改成（羽）。相关用词如翻转、翻土等。

輩 辈

bèi

两列分驰而出（，非）的战“车”（）。古代六十部战车称为一辈，左右各三十部车。《六韬·均兵》：“三十骑为一屯，六十骑为一辈。”“辈”的本义为同队的人，引申为同类型、同一群体、地位相等的人，相关用词如辈分、长辈等。

輩 篆

“升”——振翅飞向天空

现代汉字“升”具有两种主要含义，分别来自于两种构字系统，第一种构字系统，升是一种测量单位，甲骨文、金文及篆体代表“十”倍数的（）勺子（）。升的第二种构字系统，具有上升的意义，其古字为金文、篆体、、代表升至高空，构形中，以水平线（）代表天空，垂直线代表垂直上升，上面的飘带或翅膀表示在空中飘动或飞翔，这个古字后来演变为“卂”与“升”两字，所衍生的汉字有汛、迅、飛、昇及陞等。

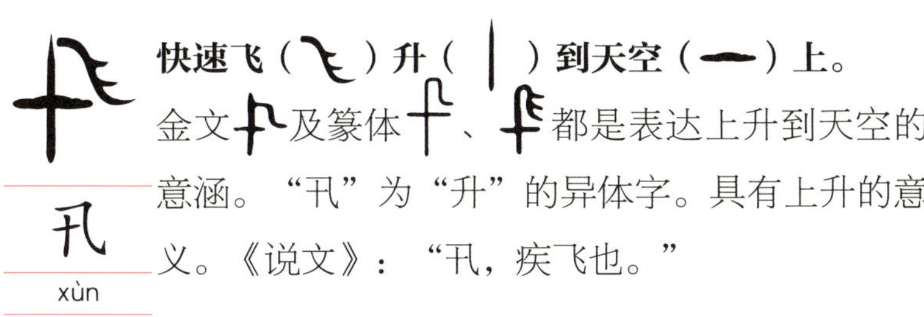

卂

xùn

快速飞（）升（）到天空（）上。

金文及篆体、都是表达上升到天空的意涵。“卂”为“升”的异体字。具有上升的意义。《说文》：“卂，疾飞也。”

飛飞

fēi

拍动两翅（ ）上"升"（ ，卂）飞去。

"飞"的篆体 、 意表拍动两翅（ ）上升（ 、 ）飞去。现代汉字的"飞"则是由一对飞翔的翅膀（ ）及"升"两个构件所组成，都是描写鸟儿上升飞去的景况。

汛

xùn

河"水"（ ，氵）快速上"升"（ ，卂）。

河水在丰雨期就会上涨，有泛滥之虞，所以称河水定期上涨的期间为"防汛期"，在这期间必须注意安全。

篆

迅

xùn

振翅飞"升"（ ，卂）后逃走（ ，辶）。

"迅"是描写鸟类逃逸的景况，引申为快速，相关用词如迅速、迅疾、迅雷等。

篆

昇升

shēng

太阳（ ，日）"升"到高空（ ，卂）。

相关用词如升天、升平等。

陞升

shēng

沿着土（）墙（）向上爬“升”（，）。

东汉徐干说：“仓颉视鸟迹而作书。”若果真如此，“鸟”所衍生的甲骨文应该是非常多的，然而，隹鸟所衍生的汉字，数量却不多，而其中具有甲骨文的，更是少之又少。或许徐干受了鸟迹书的误导。谈到鸟迹书，就不免想到李白《游泰山》的诗句：“山际逢羽人，……遗我鸟迹书，飘然落岩间。其字乃上古，读之了不闲。”大意是说他骑白鹿上泰山时，途中遇到一位仙人（羽人）赠送他一本看不懂的古书，这本古书就是用上古文字所写的“鸟迹书”。鸟迹书又称为鸟篆，是流行于春秋战国时期的艺术字体，是由篆体演变而来，基本上是在篆体旁添加鸟、虫等装饰符号。仓颉庙中有一座石碑，为清朝乾隆年间所设立，上面有一标题用篆体写着“仓圣鸟迹书”。碑文共有二十八个古字，字体方正而工整，甲骨文或金文中几乎都没有出现过这些字，也与东周时期的鸟篆大异其趣，到目前为止，还无人能真正破解其意，是否为后人所杜撰也不能确知。

第四章 兽

羊
義
牛
虎
豕
豸
犬
馬
豦
象

“羊”的衍生字

儀

犧

羲

美

敬

議

義

善

苟

羞

祥

羌

羊

姜

養

達

洋佯烊徉恙羕様翔詳

群羚羯羖羶咩

殷商时代的君王，在祭天祈雨时，会亲自披上羊皮跳羔羊舞蹈向上天表达绝对的顺服。不仅周天子祭天时要穿羊皮大衣，大臣上朝觐见周天子时也要穿。在汉字当中，美、善、義可以说是古代圣贤所追求的极致，但这三个字为何用“羊”来诠释呢？

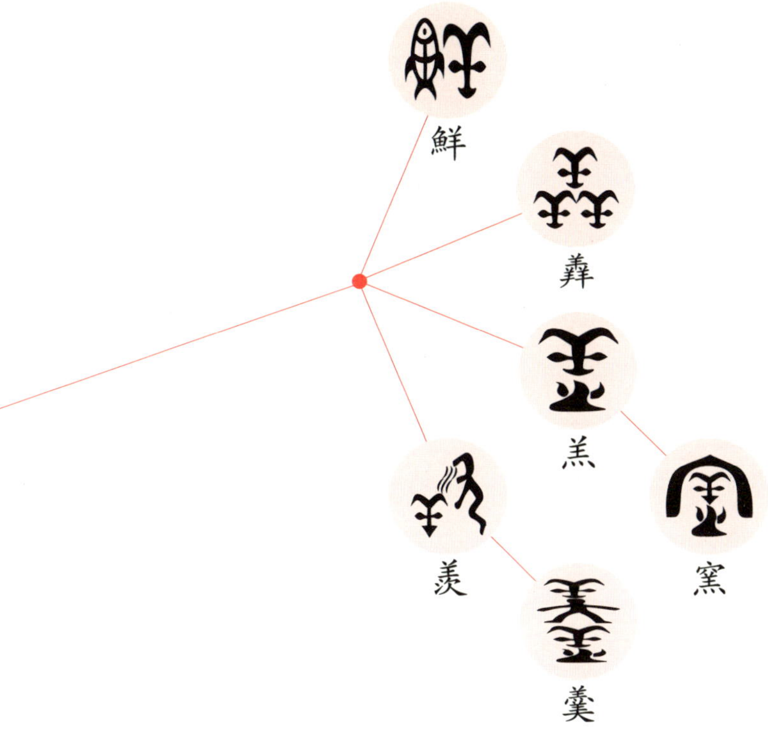

羔羊的美德

西汉董仲舒认为羔羊具有仁、义、礼三种美德，他在《春秋繁露》写道："羔有角而不任，设备而不用，类好仁者；执之不鸣，杀之不谛，类死义者；羔食于其母，必跪而受之，类知礼者。"羔羊的性情与其他动物比较起来，有哪些独特之处呢？

完全善良而无恶行：羊是善良温顺的动物，不欺负弱小，虽然有嘴，有角，也有蹄，但它不会去咬、去顶，或去踢其它动物。大部分动物为了争夺地盘，显露出各种贪婪、凶残与狡诈的卑劣本性，然而，羊却懂得知足、安静与从容不迫。羊总是安静地吃草，若有其他动物前来争食，也不会施以攻击。在弱肉强食的世界中，豺狼虎豹把羊当成最佳猎物，而几乎没有逃生能力的绵羊，它的处境可以说是岌岌可危。然而，讽刺的是，当这些猎食者渐渐凋零，甚至面临绝种的时候，绵羊却仍然大量繁殖着。看来，外表软弱的羊却有强韧之处，颇有老子"以其不争，故天下莫能与之争"的智慧。

绝对忠诚与顺服：每年春天，纽西兰各地都会举办剪羊毛大赛，许多参赛者都拥有在八小时之内剪除七百只绵羊毛的纪录。比赛中，只见肥嘟嘟的绵羊被参赛者用腿夹住，任由剃刀在全身各处游走。令人惊奇的是，即使锋利的剃刀在颈部滑过，绵羊也没有丝毫的挣扎。绵羊的顺服，真是令人匪夷所思。

感恩又知礼：牛、马、猪、狗等四足动物都是歪着头站立着吃母奶，没有一种动物像羔羊一样，是弯曲前蹄跪在母羊前喝奶的。“羔羊跪乳”是一幅令人动容的美丽画面，充分表露出感恩、知礼与谦卑的美德。总之，羔羊的性情是如此善良而完美。试问有谁可以像羔羊一般，天性善良而没有心机，温柔安静不急躁，绝对忠诚又诚信，懂得感恩与谦逊呢？更何况，这些完美品格是出自天性，完全不需透过后天的锻炼。因此，对于长期与羊为伍的古人而言，羔羊可以说是美善的表征，这点我们从美、善、義的构字本义就可以窥知一二。

跳羔羊之舞的君王：现代庆典流行舞龙又舞狮，但古代人舞什么呢？殷商的君王在祭天时，除了取羊火祭之外，还必须身披羊皮来跳羔羊之舞。殷商甲骨卜辞当中，至少出现十几处君王或祭司（贞）跳羔羊之舞的纪录。如“王，舞羊，雨。”“舞羔，雨。”“甲辰卜，争，贞我舞羔。”可见殷商君王与祭司是借着跳羔羊之舞来求雨或解决彼此争议的。

美

měi

身披“羊”（  ）皮大衣的“人”（  ）。

“美”的甲骨文  是一个披着“羊”（  ）的人（  ）。“美”引申为装扮、漂亮，相关用词如美容、俊美等。《周礼》记载周朝君王祭祀上天时，必须身穿大裘冕，也就是黑色羊

甲 金 篆

皮大衣。献祭者借此表明自己愿意像一只“完全顺服的绵羊”，听从上天旨意。古人认为一个完全顺服上天旨意的人，就是一个完“美”无缺的人。

有些学者将“美”解为“羊大为美”，意思是大只的羊就是美。然而，在所有的甲骨文中，包含构件大（ ）的甲骨文或金文都代表人，而非大小的大，如天、夫、央、夷、夹、奚等，所以“羊大为美”是说不通的。

善

shàn

劝勉（ ，言）学习“羊”（ ）的温柔良善。金文 与篆体 ，表面字义是两人争相说（ ，誩）羊（ ），隐含“彼此劝勉”：“人要学习羊的温柔良善、谦卑顺服。”另一个篆体 则省略了一个“言”，渐渐演变成现今之“善”。因为古人认为羊的本性温柔良善，完全顺服主人，所以人也要如此顺服上帝（天），遵行上帝的道。若是人人劝勉学习羊的精神，则是一件极美好的事，所以“善”引申为极好，相关用词如善良、至善。

金

篆

羞

xiū

手里“扭”（ ，丑）着一只“羊”（ ）来请罪。《左传》记载，春秋时期，郑伯得罪当时的霸主楚庄王。楚庄王兴师问罪，经过三月围城之后，攻破郑国。郑伯为了表示认罪悔改，于是牵了一只羊，除去头上的发簪，裸露上身向楚庄王认罪

甲

金

篆

并献出郑国。此诚意之举感动了楚庄王，于是撤兵离去。南唐君主李煜（李后主）投降宋朝赵匡胤时，也是肉坦牵羊以逆，表示臣服。不料，多年后，北宋灭亡。徽、钦二帝被金人俘虏，又是肉坦牵羊跪拜在金人的太祖庙前。

这些古代君王投降时，为什么要牵羊请罪呢？因为羊是非常顺服的动物，献羊表示绝对顺服与认罪，所以借此引申出羞愧难当的意思，相关用词如害羞、娇羞、羞耻等。“羞”的甲骨文、金文都是以“手”牵“羊”的象形文。篆体则将手（）改变为丑（，“丑”是“扭”的本字），代表“扭”住一只“羊”到他人面前请罪（请参见“丑”）。

我

wǒ

手持青铜耙（或铁耙）的人。

“我”的甲骨文、及金文由“戈”与“三齿叉”两种符号组成，可见这是一种带齿的武器。另一组甲骨文、金文、、及篆体像是一支大耙，多根耙齿向下弯，因可当武器，所以添加了“戈”的偏旁。这种武器很可能是西周考古文物所挖掘到的青铜耙（或称三股叉）之类的器具。《西游记》中，猪八戒的随身武器就是一柄大铁耙，而由耙头、木柄、尾椎所组成的排耙，也是古代少林门的重兵器，其施展之技法有刺、撩、拍、拦、扫、刨、绞、抢、钩等。此排耙南方拳派称之为三股叉。耙可当作兵

甲

金

篆

器，也可当作农具，是农家必备的器具，古人用此符号来代表“自我”也是相当贴切的。除了象征自力耕种求生，也象征人的自我是不容侵犯，甚至象征人与生俱来的叛逆。古代不乏以三齿叉当作武器的字，如“蔑”的甲骨文 描写一个人眼皮低垂（打盹），将三齿叉弃置一旁。当敌人进攻时，还能摆出这样的姿态，显然是没把敌人放在眼里。

娥

é

手持三齿耙（ ，我）的“女”子（ ）。

甲骨文 、 是一个持三叉武器的女人，这应该是描写古代英勇的贞节女子。娥皇是上古时代部落酋长唐尧的长女，既然被后人尊称为皇，想必也是英勇的女子。娥引申为好女人或美丽女子。

甲 篆

義 义

yì

在“我”（ ）之上覆盖一只具有完美品格的“羊”（ ）。

在甲骨卜辞当中，有许多处提到殷商君王或贞人跳羔羊之舞来祈雨的习俗，如“王，舞羊，雨。”“贞舞羔，有雨。”殷商时期的“贞人”是拥有神权的祭司，而“王”则是统治者。为何卜辞找不到舞牛、舞龙、舞狮的纪录，却独独出现多次舞羊或舞羔的文字记录呢？这当然也是因为羔羊具有的完美品格的缘故。“義”的构字概念与“美”相近，在“我”（ ）之上覆盖一只“羊”（ ），于是衍生出“義”（ ）。所

甲 金 篆

谓“义人”就是一位行为没有缺失、完全符合上帝标准的人。罪（辠）人的反义词就是义人，就是一位行事合宜的人，相关用词如信义、侠义、义民庙等。

儀仪

yí

“人”（ ）应有的“合宜举止”（ ，义）。

周朝非常讲究礼仪，也就是在各种场合下，人必须要有合宜的举止应对。为了推行礼仪教育，周朝设有“保氏”的官，教导学生在祭祀、宴会、丧事、上朝议事等六种重要场合下的礼仪。在正式宴会中又设有“司仪”，掌管九种宾主间应尽的礼仪。《周礼·地官·保氏》：“教国子以六仪，一祭祀，二宾客，三朝廷，四丧纪，五军旅，六车马之容。”《秋官·司仪》：“掌九仪之宾客相之礼，以诏仪容辞令揖让之节。”“仪”的本义是人应有的合宜举止，相关用词如仪容、仪态等。

儀（篆）

議议

yì

讨论（ ，言）如何才算是“合宜的举止”（ ，义）。

在各种场合下，人应当如何应对进退才算是合宜呢？周公制礼作乐，非常讲求伦理与秩序，因此周朝最重要的礼仪经典——《周礼》《仪礼》《礼记》，将礼仪规范订得极为详尽。显然，周朝大臣曾经花了不少时间在讨论这些内容。议的相关用词如会议、建议、议论等。

議（篆）

在祭祀时，为“我”（ ）而牺牲生命（ ，兀）的“羊”（ ）。

羲

xī

“兀”的甲骨文 、 、 是一个无头人，一个头被砍掉的人。“羲”的金文 、 是由“羊、我、兀”所组成，代表羔羊为我而牺牲生命。古代天子祭天时，身披羊服，跳羔羊之舞，又杀羊献祭，献祭的礼器也用羊来装饰，可以说是不断使用羔羊来表达极为重要的祭祀意义——以羊替代自己献身给上帝。“羲”是由“義”分化而来，甲骨卜辞中有所谓的“即义”，似乎隐含了慷慨就义、为义牺牲的精神。《孟子》说：“生，亦我所欲也；义，亦我所欲也。二者不可得兼，舍生而取义者也。”“羲”的本义是牺牲生命，为“犧”的本字，引申为疲惫或衰弱，相关用词如羲老、羲疾。

以色列人有一种传统习俗，人若犯了上帝的诫命，就必须杀一只羊献在祭坛上作为赎罪祭。因为如果人犯了上帝的诫命，就是犯了死罪。必须认罪悔改并以羊代替人，承受死刑，以免除灾祸并带来平安。

金

篆

在祭祀时，为“我”（ ）而牺牲生命（ ，兀）的“羊”（ ）与牛（ ）。

犧牺

xī

引申为丧失生命或祭祀用的牲畜。

篆

祥

xiáng

献羔"羊"（羊）予"神"（示）以求平安。郑伯得罪楚庄王，牵羊请罪，不仅保住了性命，也保全了江山。但若人得罪了神，该当如何呢？《尚书·伊训》说："惟上帝不常，作善降之百祥，作不善降之百殃。"也就是说，当人愿意完全顺服上帝旨意而行善时，上帝就会赐下平安与吉祥。反之，人若违逆上帝而作恶，将会招致祸害。人献羊给神，除了表示请求赦罪与顺服之外，最重要的就是想求得平安。所以，古人祭天所使用的器物，常常在器物表面饰以羔羊图腾，如著名的"四羊方尊"是商朝的青铜礼器，四周就雕着极为精美的四只羔羊头，其他如三羊尊、羊鼎、羊鬲、玉羊、羊首罍等，也都以羊的图腾作为装饰。"祥"的相关用词如吉祥、祥和等。《说文》："祥，福也。一云善也。"

祥 篆

放牧羊群

《诗经·无羊》："尔羊来思，矜矜兢兢，不骞不崩。麾之以肱，毕来既升。"这是描写牧羊人放牧的一首诗歌。大意是说，小羊小心地紧紧随行，不走散，也不迷失。牧羊人一挥手，全部的羊群就跟着跃上山坡顶。

達达

dá

"人"（ ）赶着"羊"（ ）群前往（ ，⻍）目的地。

"达"的甲骨文 代表"手里拿着细长枝条"（ ）在"路上"（ ）赶"羊"（ ）。金文 代表持"竹条"（ ）走在路上赶羊。篆体 代表"人"（ ）"走在路上"（ ，⻍）赶"羊"（ ），引申义为到达，意即将羊群赶到目的地。

甲 金 篆

養养

yǎng

将"羊"（ ，羊）赶去"食"（ ）草。

"养"是古人放养羊群的写照，先将羊养大，之后再宰羊养人。"养"的本义是供应食物给羊吃，引申为供应食物，相关用词如喂养、供养、养分等。

篆

羌

qiāng

牧"羊"（ ）的"人"（ ）。

"羌"是古代中国边疆的一个游牧民族，以牧羊为生，泛称为羌族。在商周时期，羌族人被中原统治，甚至被抓来当奴隶。甲骨文 、 都是手抓羌族人的象形文，而 、 、 更是在脖子上套上绳索的象形文。《说文》："羌，西戎牧羊人也"。

甲 金 篆

苟

gǒu

“说话”（口，口）随便的“羌”族人（ ）。

金文 是跪坐的羌族人，而 则是开口说话的羌族人。古代以牧羊为生的西羌人，被中原视为次等文化的人，进入中原时，不懂得礼节，说话随便。引申为随便、贪心、卑贱，相关用词如苟且、苟求、苟活等。可惜隶书将“羊角”改成“艹”，将“人、口”改成声符“句”，以致于失去构字本义。

金 篆

敬

jìng

“手拿鞭条”（ ，支）警戒“羌”族人（ ）“说话”（口）要谨慎。

金文 、 、 及篆体 、 都是由“羌、口、支”所组成。“敬”引申为端肃谨慎，相关用词如尊敬、敬佩等。

金 篆

姜

jiāng

牧“羊”（ ）“女”（ ）。

在远古母系社会里，女人当家，因此，上古八大姓皆从“女”旁，如炎帝姓姜，黄帝姓姬，舜姓姚等。“姜”的甲骨文 、金文 都是由“羊”与“女”构成，就构字来看，姜姓的始祖极可能是牧羊女。据《史记》记载：“炎帝长于姜水，因以为姓。”这条河大概就是姜姓始祖的发源地吧。姜水在哪里呢？郦道元的《水经注》记载：“岐水又东径姜氏城南，为姜水。”可见姜水位于陕西省岐山县。陕西省多丘

甲 金 篆

陵，适合牧羊。“羊肉泡馍”是当地著名的特色美食。在远古时代，人民过着放牧与打猎的生活。牧羊人必须寻找有水源及牧草丰美之地放牧羊群，因此，姜水所经之地很自然就成为群羊汇聚之处，这大概就是取名为姜水之缘由。

羊的美味

羔 gāo

在“火”（ ）上烧烤的“羊”（ ）。

“羔”的甲骨文 、 代表一只“羊”（ ）在“火”（ ）上，这是以羊献祭的符号。如甲骨卜辞记载：“取羔，雨，二告。”（取羊来火祭以祈雨，两度告祭上帝。）“庚午示三屯，羔。”（取羊火祭。）《周礼》也说：“凡祭祀，饰羔。”由于祭祀必须用全牲，而大羊不易烤透，即使外层烧焦了，内里仍是生的，因此古人都以整只小羊来烧烤，因此，羔便引申为小羊。烧烤过的小羊肉，美味无比，令人垂涎三尺。

甲 金 篆

窯 窑 yáo

烧烤（ ）“羊”肉（ ）用的洞“穴”（ ）。

“窑”引申为烧制器物的洞穴，相关用词如窑洞、砖窑等。《说文》：“窑，烧瓦灶也。”《集韵》：“窑，烧穴。”

篆

羡

xiàn

一个人对着烤"羊"肉（ ）张口哈气（ ，欠）并流口水（ ，氵）。

在古代，烤羊肉、炖羊肉都是美味珍馐，吃不到的人在一旁偷瞄，闻着香气，暗暗流口水。"羡"这个字，就是表达吃不到羊肉的渴望之情。

篆

羹

gēng

鲜"美"（ ）的羊"羔"（ ）浓汤。

"羊肉泡馍"是陕西西安的特色美食，是将剥碎的烤饼放入炖烂的羊肉汤。羊肉泡馍冷却后便结成冻，可切块佐餐。这种将面食与烂羊肉、浓稠汤汁和在一起的美食，古代称为"羊羹"。宋代苏轼曾给予极高评价："陇馔有熊腊，秦烹唯羊羹。"羊羹传入日本后，日本人将它改成红豆冻，成为今日常见的"羊羹"，以至于让现代人纳闷：羊羹里没有羊肉，也没有羊肉味，为什么会叫做羊羹呢？

篆

羴

shān

一群羊（ ，羊）聚集时所发出的臭味。

羊身上常带着羊骚味。甲骨文 以三只"羊"（ ）来表达一群羊聚集时所发出的臭味。《说文》："羴，羊臭也。"后人将"羴"改作膻（ ）。

甲

金

篆

“牛”的衍生字

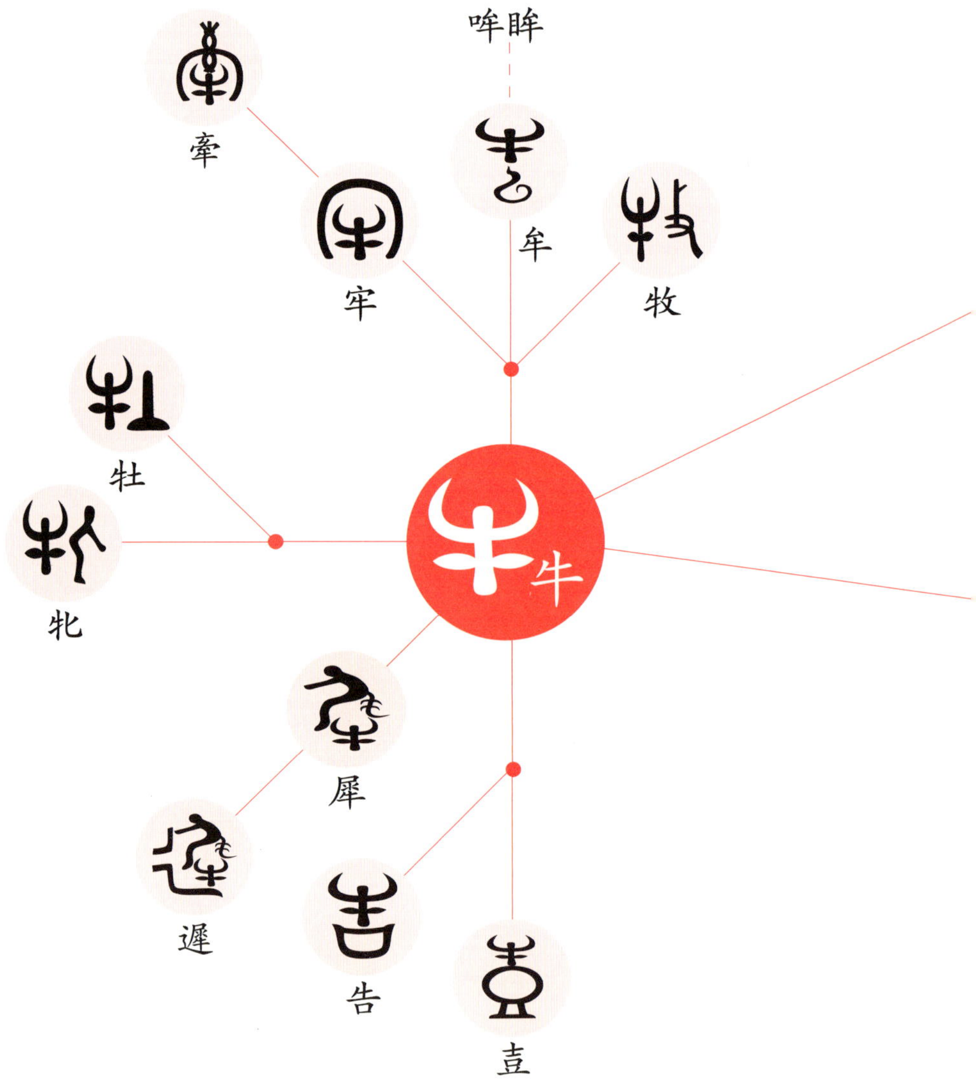

哞 眸

牵

牢

牟

牧

牡

牝

牛

犀

遟

告

壴

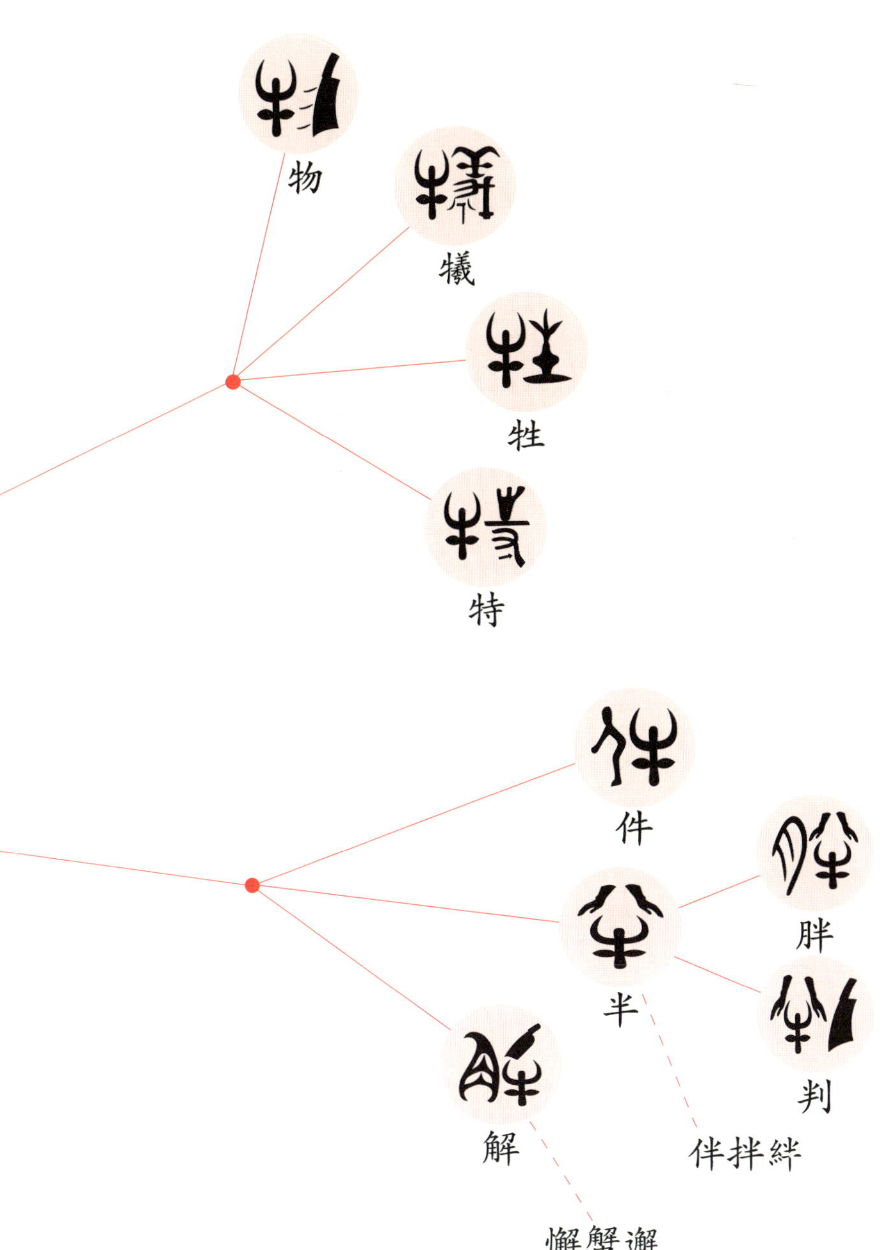
物
犧
牡
特
件
胖
半
判
解
伴拌絆
懈蟹邂

牧牛

牡

mǔ

雄性的（ ）牛（ ）。

在甲骨文当中，代表公牛，代表公羊，代表公猪。这些字的共同点在于都有一个雄性生殖器的符号，后来这个符号改成声符“土”。

甲 金 篆

牝

pìn

雌性（，匕）的牛（ ）。

在甲骨文当中，代表母牛，代表母羊，代表母猪，代表母老虎。它们的共同点在于都有“匕”的符号。“匕”（ ）是一个与“人”（ ）呈现左右对称的汉字，因此，“匕”也代表女人，例如尼（ ）是一对相互依偎的男女。“牝”引申为雌性，相关用词如牝鸡。

甲 金 篆

牧

mù

“手持器具”（ ）看守“牛”群（ ）。

（请参见“攵”）。

甲 金 篆

牢

láo

“牛”（ ）被关进“牛栏”（ ）。

甲骨文 及金文 代表牛栏。篆体 则添加一横栓将牛关起来，另一个篆体 将牛栏改成牛舍（ ，宀），牛的居住环境改善了。

甲 金 篆

牽 牵

qiān

以“绳索牵引”着（ ，玄）一头“牛”（ ）进“牛栏”（ ）。

篆

牟

móu

“牛”（ ）鸣叫时，口中吐出“声音气息”（ ，厶）。

牛仰头鸣叫时，从鼻孔冒出云气（请参见“厶”的衍生字）。

篆

以牛为祭物

犧 牺

xī

在祭祀时，为人“丧失生命”（ ，羲）的牛（ ）。

“牺”引申为丧失生命或祭祀用的牲畜。

篆

物

wù

挥刀（，勿）宰牛（）以为祭物。

“物”的甲骨文、、都是一把刀挥向一头牛的象形文，这是古人杀牛祭天的写照。甲骨卜辞里，“勿牛”二字出现了至少两百次以上，所谓的“勿牛”即挥刀宰牛，例如“贞勿牛。”（负责问卜祭祀的贞人杀牛以献祭。）又如“岁其勿牛。”（岁末年终时宰牛祭天。）周朝祭天所使用的牛还有不同等级，如《礼记》记载：“天子以牺牛，诸侯以肥牛，大夫以索牛。”“物”本义为献祭之物，后来广泛引申为东西的总称，相关用词如生物、动物、植物等。

金

篆

“勿”的甲骨文及金文代表一支锋利的刀，在刀刃边的小点代表血迹或碎屑。“勿”的本义为挥刀，引申为不可靠近，（否则将惹来杀身之祸），相关用词如请勿、勿忘。“利”的甲骨文及金文都含有“勿”的符号，代表用一把锋利的刀收割禾谷。

现代汉字	甲骨文	金文	篆体
物			
利			
勿			

牲

shēng

养来祭祀的“生”（ ）“牛”（ ）。

“牺”与“牲”是古人豢养以作为祭品的动物，如《礼记》记载：“命四监大合百县之秩刍，以养牺牲。”“牲”引申为可宰杀食用的家畜，相关用词如牲畜、牲口等。

金 篆

特

tè

送往“官署”（ ，寺）祭祀的“牛”（ ）。

古人每逢祭天之时，都会挑选一只雄壮而无瑕疵的公牛当作祭物，然后送往官署参加祭祀典礼。

“特”引申为与众不同的，相关用词如特殊、特别等。秦朝称呼官署衙门为“寺”（请参见“寺”）。《礼·郊特牲注》：“郊者，祭天之名。用一牛，故曰特牲。”

篆

半

bàn

将一只“牛”（ ）从中“分”开（ ，八）。

金 篆

判

pàn

考虑从何处下“刀”（ ）才能准确地将牛破“半”（ ）。

“判”引申为辨别，相关用词如判断、审判等。《说文》：“判，分也。”

篆

件
jiàn
一人一份也。

《说文》："件，分也。牛大物，故可分。"

件 篆

以牛为器物

以牛皮做鼓

有"脚架"的"牛"皮（）"大鼓"（）。

壴
zhù

牛皮大鼓渊源久远，殷墟出土的土鼓，就是以陶土做鼓框，其上以皮革覆盖之大鼓。"壴"的构型很像古代的建鼓，汉朝古墓中有不少的石砖画像上都有槌打建鼓的庆典，画像中的建鼓构型与商朝的青铜建鼓构型相当一致，都是有脚架的大鼓，大鼓上面有各种不同造型的装饰，但有的并无任何装饰。

甲 金 篆

甲骨文、都是描写一个有脚架的大鼓，中间构件为鼓面，上构件代表牛皮。有些学者认为这个上构件是装饰品，但古文物所呈现的饰品构型非常不一致，甚至有的建鼓并无饰品，所以应该不是代表饰品，而其上构件的甲骨文大都以"牛"来表示，所以推论这个上构件表示牛皮。但为了书写美观与流畅性，隶书将"牛"讹变为"士"，以致于失去牛皮鼓的意义。"壴"所衍生的常用字有鼓、彭、喜、嘉、豐、豊等（请参见"口"的衍生字）。

以牛角制作器物

角

jiǎo

或jué。牛角。

蒙古族与苗族等民族习惯用牛角杯喝酒，其实，早在商周时期，牛角就已经被古人当作酒杯了。角、觶、觥等含有角的汉字，都是商周时期常见的酒杯，后来觶、觥更演变成青铜器物，成为较高级的酒器了。《说文》：“觶，乡饮酒角也。”“觥，兕牛角可以饮者也。”《礼记》：“尊者举觶，卑者举角。”

甲 金 篆

解

jiě

或jiè。用“刀”（ ）割下“牛”（ ）“角”（ ）。

甲骨文 代表“两只手”将牛“角”（ ）从“牛”身上取出，金文 及篆体 代表用刀割下牛角。引申为将物体不断拆散，相关用词如分解、解除、解释等。

甲 金 篆

告

gào

“口”（ ）吹“牛”（ ）角以祭告上帝。

甲骨文 、金文 及篆体 表示口吹牛角以祭告上帝，后人加上“示”改作祰（ ）。“祰”就是向“神”祭“告”。“告”引申为通知、宣布等，相关用词如警告、告诉、报告等。另一个篆体 是由牛、口及双手所组成，表示双手拿牛角用力吹。以“告”为声符所衍生的字有靠、浩、皓、窖、诰、梏、郜等。

甲 金 篆

虎咬猪

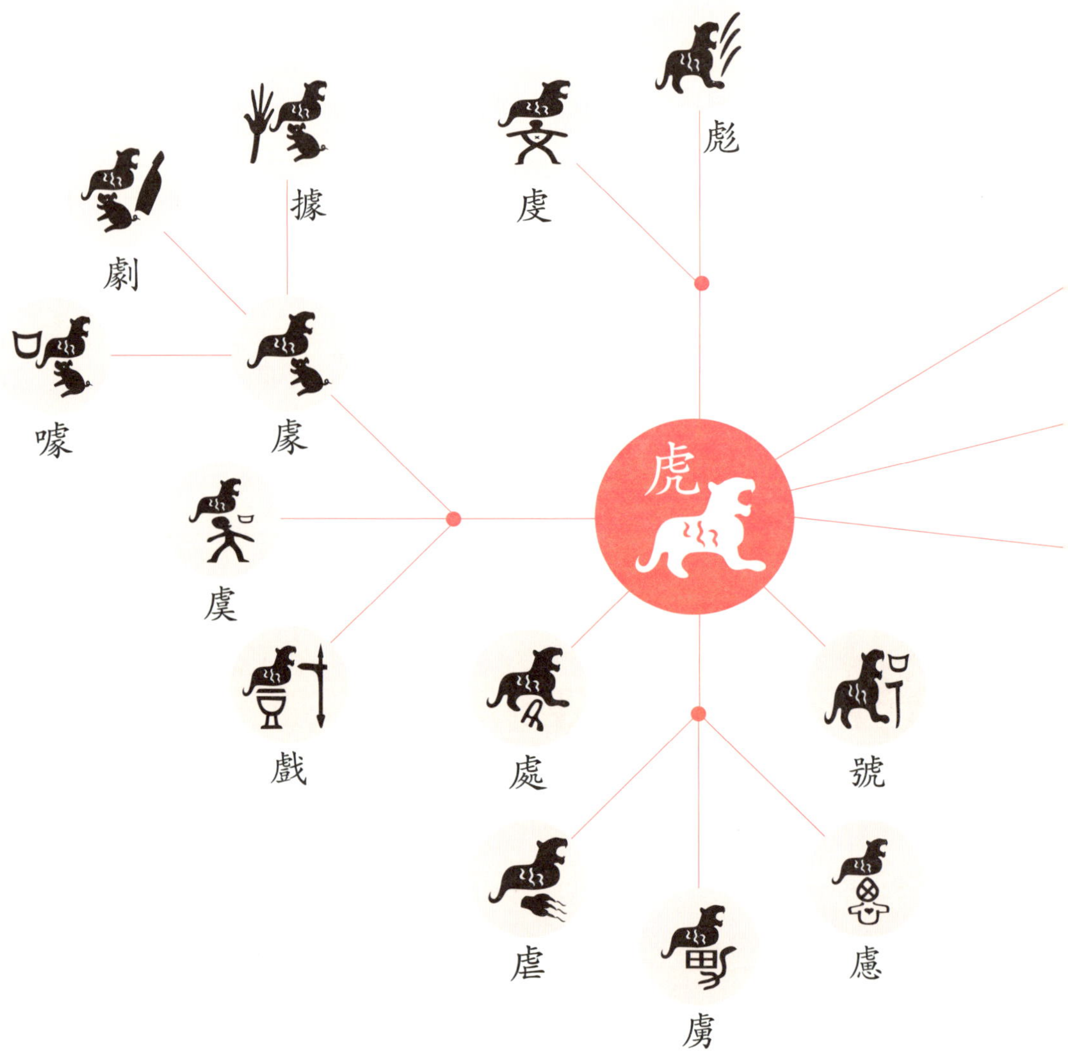

彪

虔

據

劇

噱

豦

虞

戲

虎

處

號

虐

虜

慮

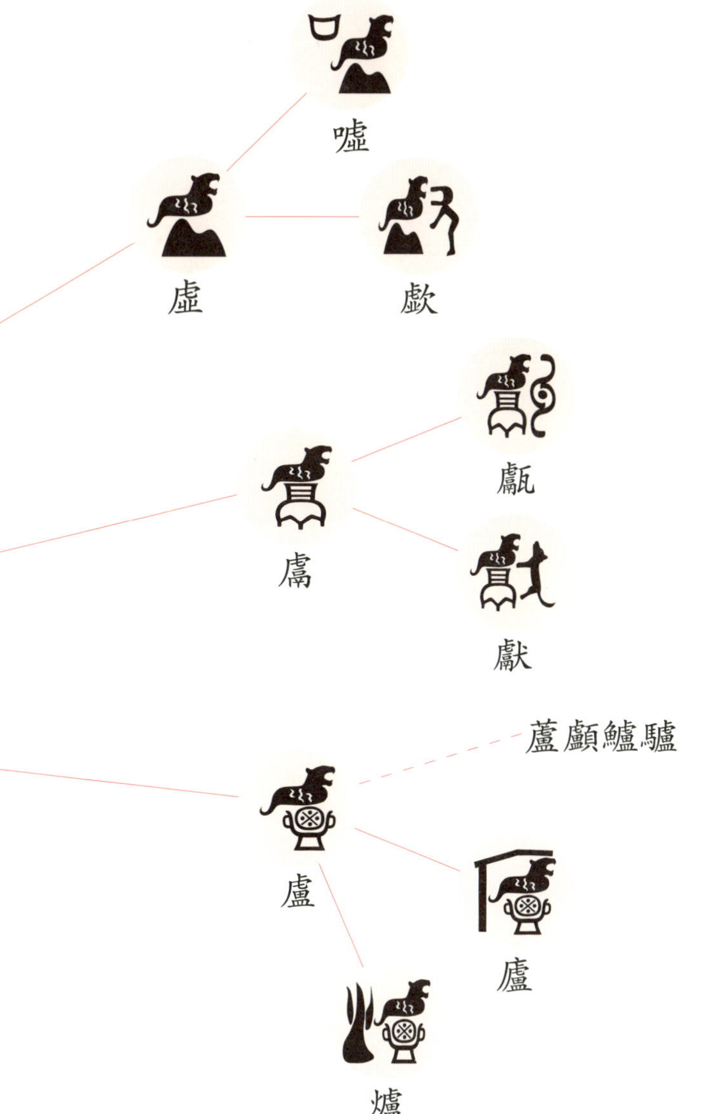
嘘
虛
歔
甗
膚
獻
蘆顱鱸驢
盧
廬
爐

“虎”的衍生字

驯虎与戏虎

虞

yú

能施口技（吴）驯服老“虎”（）的人。 伯益是中国第一位驯兽师，也是第一个“虞人”，也就是掌管山林鸟兽的官。《史记·五帝本纪》记载，舜向大臣询问，谁能驯服山里的各种鸟兽呢？大家都推荐伯益，于是舜便以伯益为“虞人”。《通典》也记载“虞舜有天下……，伯益作虞，育草木鸟兽。”伯益将抓来的野兽都驯服得非常好，使它们大大繁衍，得到赏赐，舜赐姓“嬴”。到了周朝，他的后裔秦非子又因善于养马，得到封地，成为秦国的开国君主。古代豢养鸟兽的地方称为“苑囿”，相当于现代的动物园。《春秋繁露》记载：“桀纣……侈宫室，广苑囿。”可见夏桀与商纣所豢养的鸟兽很多，商纣甚至能赤手与猛兽搏斗。

“虞”的甲骨文代表将老虎（）铐牢（），这描写的是一个擅长捕捉老虎的人，为木制手铐（请参见“幸”）。金文及篆体将木制手铐“幸”改作“吴”（），“吴”除了是声符之外，也是富含意义的形符。像是一位擅长口（）技的人（），能发出动物叫声来诱骗老虎（）。

甲 金 篆

“虞”的本义为驯兽人，因为驯兽人善用巧计来驯服野兽，所以引申出“欺骗”的意思，相关用词如尔虞我诈；又因为驯兽人必须随时防范野兽反噬，所以又引申出忧虑、防范等义，相关用词如不虞匮乏等。另外，驯兽过程又能娱乐旁观者，所以“虞”又引申出娱乐之义，如虞乐（娱乐）。“虞”是“娱”（ ）的古字。

戲戏

xì

金 篆

一手拿着“肉锅”（ ，豆），一手拿“兵器”（ ，戈），来逗弄老“虎”（ ）。

《盐铁论》：“百兽马戏斗虎。”说明了西汉就有在马戏团中斗虎的戏码，然而由“虞”“戏”二字可看出，早在商周时期就已经有逗弄老虎的余兴节目。金文 代表持武器（ ，戈）逗弄吼叫（ ）的老虎（ 、 ），另一个金文 及篆体 将“口”改成盛装肉食的器具“豆”（ ），代表一手拿着食物引诱，一手拿兵器威胁老虎。相关用词如戏耍、游戏、戏院等。

虎纹

彪

biāo

金 篆

老“虎”（ ）身上的“斑纹”（ ，彡）。

“彪”引申为色彩鲜艳、魁武凶猛，相关用词如彪炳、彪悍等。《说文》：“彪，虎文（纹）也。”

老“虎”（ ）身上的花“纹”（ ，文）或铭文。

虔

qián

“虔”引申为令人敬畏，如虔诚、敬虔等。古人畏虎，只要见到老虎身上特有的条状花纹，立时心生惊惧。有鉴于此，远在周朝便出现以虎的形象来当作军符的特殊文化，这种军符称为“虎符”。虎符是一只切成两半的铜虎，一半皇帝收存，一半交给驻守在外的将军，当两者合体时，将军才能出兵。因此，虎符象征极高的权力，是皇帝用来调兵遣将的重要信物。

金

篆

除了虎符的应用之外，汉朝也以虎皮制作衣服，这种有虎文的衣服只有将军才能披上。《后汉书》记载，东汉时期，袁绍立曹操为东郡太守，后来兖州刺史刘公山被黄巾党所杀，袁绍则又任命曹操为兖州刺史，为曹操披上虎衣，将许多军队交给他（《后汉书》：“被以虎文，授以编师。”）

猛虎出没

“虎”（ ）爪（ ）。

虐

nüè

“虐”引申为残暴，相关用词如肆虐、虐待等。

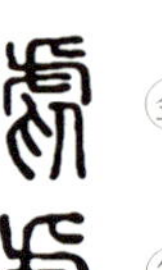

在田里工作的"男"子（ ）被老"虎"（ ）抓走。

虜 虏

lǔ

汉字"虏"与"虐"两字都是在描写古代老虎的可怕。《礼记》记载，孔子与弟子走到泰山旁边时，遇到一个妇女跪在坟墓前放声痛哭。他就派弟子去问她为何哭得如此伤心。少妇回答说："从前，我的公公被老虎咬死了，后来，我丈夫也被咬死了，昨天，我的儿子又被咬死了，这一连串的打击，叫我怎么能不伤心呢？"孔子趋前说："这真是太不幸了，这地方的老虎真是猖獗啊！那妳为什么不离开这个可怕的地方呢？"少妇擦了擦眼泪说："这个地方虽然可怕，不过没有繁重的税负，所以我不想搬家啊！"

孔子于是感叹："苛政猛于虎。""虏"引申为擒获，如被活捉的敌人称为俘虏。

用"心"（ ）与"脑"（ ，囟）来考虑事情。

思

sī

篆

古人做决策讲求"合情合理"，不单要以理智分析，也要考虑他人的感受。头脑控制人的理智，而心控制人的情感，两者兼顾称之为思。篆体 是由囟（ ）与心（ ）所构成的会意字。囟就是脑门，位于头顶上方。隶书将"囟"讹变为"田"而成为现代汉字"思"。思的相关用词有思想、思念、心思等。

虑虑

lǜ

“思”想（ ）到老“虎”（ ）就害怕。

“虑”引申为担心、筹划，相关用词如思虑、忧虑等。

處处

chǔ

或chù。老“虎”（ ）脚踏（ ，夂）之地。

“处”的本义为老虎出没的地方，引申为需谨慎活动的地方，相关用词如处所、处理、相处等。

號号

háo

或hào。老“虎”（ ）的吼叫声（ ，号）。

“号”（ ）代表被“拐杖”敲（ ，丂）中之后所发出的“叫声”（ ，口），引申为嚎叫。因此，“号”就表示老“虎”的“吼叫声”，引申为呼喊、称呼。相关用词如号啕、号角、名号等。同样地，“鸮”代表爱“嚎叫”的“鸟”。

猪虎斗

豦

jù

老“虎”（ ）与野“猪”（ ，豕）互相缠斗。

陕西农村有句土话：“一猪、二熊、三老虎”。

警告人要远避这三样猛兽，老虎虽然猎捕野猪为食，但碰上发狂的野猪，老虎可就得退避三舍。野猪之凶猛，令人咋舌！老虎若陷入野猪群中，恐怕就变成“猪吃老虎”了。“豦”本义为猪虎斗，引申为激烈争斗。《说文》：“豦，豕虎之斗。”《礼记》：“迎虎，为其食田豕也。”

持“刀”（，刂）进行“激烈争斗”（，豦）。

劇剧

jù

两人持刀互斗，犹如猪虎大战，引申为激烈的一场戏。《说文》：“剧，尤甚也”。

篆

两人徒“手”（，扌）进行“激烈博斗”（，豦）。

據据

jù

赤手空拳，只用双手，不假任何武器，因此“据”引申为凭借，相关用词如依据等。

篆

或xu é。令人惊呼（，口）的“猪虎大战”（，豦）。

噱

jué

“噱”引申为有看头或令人捧腹大笑的戏码，相关用词如噱头、发噱等。

篆

大号器物

包含“虎”构件的古字之中，有的不是代表老虎，而是代表“大号”的，相近构字概念有卢、膚、虚等。

盧 卢

lú

可以喂饱“虎”（）“胃”（）的大号食器（，皿）。

甲骨文像是老虎在吃盆中的食物，金文、篆体则是由“虎、胃、皿”所组成的会意字，代表可以填满虎胃的大号食器。“盧”是“爐”、“鑪”的本字，本义为大号食器，今多用于姓氏。以“盧”为声符所衍生的字有蘆、顱、鱸、驢等。

甲 金 篆

爐 炉

lú

在“火”（）上烹煮的“大号食器”（，卢）。

“炉”代表“金属”制的“炉子”。

廬 庐

lú

有炉子（，卢）的屋棚（，广）。

“茅庐”是以茅草盖顶的简陋屋舍；“庐墓”是古人为了陪伴刚死去的亲人而在墓旁搭建的小茅屋；“田庐”是田间的小茅屋。

甗
yàn

大型（虎）“蒸煮炊具”（鬲）。

“甗”是蒸煮食物的炊具，整个食器分成上下两层，下层为“鬲”，用来装水加热，上层为“甑”，用来放置食物。两层之间的横隔版称为“箅”（，bì），是一个有许多孔隙（田）可以让水蒸气通过的“竹”（）制“基座”（丌），今天称之为蒸屉，是用来隔水蒸煮食物的器具。

甲 金 篆

甗
yǎn

“瓦”（）制的“甗”（）。

篆

獻献
xiàn

将“甗”（）中的“犬”（）肉当作奖赏呈给应得的人。

周朝人将狗肉煮成羹汤称为“犬羹”，并以此当作献礼。如《礼记》：“犬羹，兔羹。”“犬曰羹献。”《周礼》：“膳献。”另外，就构字而言，也显现出古代的吃狗肉习俗，如“肰”代表“犬肉。”“然”代表火烤犬肉。“献”与“奖”有相近的构字概念，两者都是以“犬”肉当作献礼或奖品。“献”的相关用词如奉献、献祭、贡献等。

甲 金 篆

虚虚

xū

或虗，xū。荒芜的“大”（，虎）土“丘”（）。

古代将大土丘称为“虚”，是“墟”的本字。如《说文》：“虚，大丘也。昆仑丘谓之昆仑虚。”《集韵》：“丘谓之虚。”可见“丘”除了代表土山之外，也引申有荒凉、空虚之意，如丘城（空城）、丘园（荒废的家园）、丘井（荒废的枯井）、丘墓（坟墓）、丘墟（废墟）。因此，“虚”的本义为荒凉的大土丘。“虚”引申为空无，相关用词如空虚、虚假等。

篆

丘

qiū

土山。

甲骨文、金文及篆体都是以两个垄起的土堆来表示“丘”。相关用词如丘陵、山丘等。古代祭天的祭坛称为“圜丘”又称为“圜丘坛”，是由一座垄起的圆型土丘，由阶梯登上圆丘后，上面就是一个可供焚柴祭天的平台。《说文》：“丘，土之高也。”《周礼·春官·大司乐》：“凡乐，冬日至，于地上之圜丘而奏之。”

甲

金

篆

嘘嘘

xū

“口”（）中吐出“虚”弱（）的气息。不胜唏嘘。

篆

口中吐出（，欠）“虚”弱（）的气息。

歔

xū

“豕”的衍生字

“豕”的甲骨文、，金文及篆体是一只张开口的猪。“豕”所衍生的字，比较重要的有两类，其一为与猎捕野猪有关的字，如逐、隊、彘、冢、豖等，其二为与豢养有关的字，如家、豢、圂、豚等。

猎捕野猪

野猪（，豕）在路上奔跑（，辶）。

甲骨文、金文及篆体都有一只“脚掌”（）在“猪”（、、）的后面追赶。“逐”引申为追赶，相关用词如追逐、逐鹿、放逐等。

逐

zhú

甲 金 篆

“分”路（）追“逐”（）。

古代猎人发现可用分路包抄来追捕野猪。金文在路上（）走路（）符号上，添加了

遂

suì

金 篆

叉分而出（，朮）的符号，代表分路追赶。篆体则改成“分”（）“逐”（）。“遂”引申为达成、成功实现，相关用词如顺遂、遂心等。

隊队

duì

甲 金 篆

“分”逃（八，八）的“猪”群（，豕）一个个从“墙崖”（，阜）上跌落下来。

野猪跌落悬崖、山谷或陷阱时有所闻，古代更是常见，尤其是当被猎人追捕时更是如此。古字中，“队”即“坠”。如《礼记》：“退人若将队诸渊。”《国语》：“敬不队命。”甲骨文代表一个人从高墙跌落；金文将人改做“豕”；篆体又加了“八（分）”，代表分逃的猪群一个个跌落高墙（或陡峭的山崖）。另一个篆体添加辵（辶），代表从墙崖冲下来的猪。“队”的本义为“纷纷坠落”，引申为成列或成群的人或物，相关用词如队伍、排队等。

墜坠

zhuì

篆

“土”块（）“纷纷从高墙上掉落”（，队）。

“坠”引申为从高处落下，相关用词如坠落、下坠等。

豕
墜
遂
隊
豳
逐
豩
圂
彘
豚
豪
豢
亥
家
毅
冢
豕
豦
據
噱
劇

彘

zhì

以箭（，矢）射杀野“猪”（，豕）。

甲骨文是一支“箭”（，矢）射向一只“猪”（）。金文及篆体则将猪分解为猪头、猪身及两只猪脚。“彘”引申为野猪。

甲 金 篆

冡

méng

将“猪”（，豕）给罩住（，冖）。

“冡”是“蒙”的本字。

在甲骨文符号中，及都有将东西罩住的意义，如甲骨文及都是代表将鸟罩住，甲骨文及篆体代表把猪给罩住，篆体则是将兔子给罩住，这些都是古代活捉动物的写照。《说文》：“冡，覆也。”

甲 篆

蒙

méng

用草（）将东西“覆盖”（，冡）。

“蒙”引申为遮蔽，相关用词如蒙蔽、蒙骗等。

篆

豖

chù

四只脚被绑起来的猪。

古人猎到野猪后，先将它的四只脚绑起来，再把猪架在木棍上扛抬回家。“椓”（，啄）代表将四只脚绑起来的猪（）架在木（）

甲 篆

棍上，引申为牢牢地架住，如“椓船”代表将靠岸的船拴在木桩上。“椓”也指古代的宫刑，将人牢牢地架住以阉割其生殖器，参见《尚书吕刑》。抬回家的猪，其下场可想而知，“㓸（啄）”代表杀猪（豖，被绑起来的猪）的“刀”，引申为锄刀。以“豖”为义符所衍生的常用字有“琢”与“冢”，琢（琢）代表将“玉”（王）像猪一样牢牢地架起来（豖）以便加工处里。

塚冢

bù

或zhǒng。用土（土）将病死的猪（豕，豕）覆盖（冖，冖）起来。

篆体冢、冢代表将猪“包”（勹）起来，而另一个篆体塚则代表用土将猪覆盖起来。

“冢”引申为隆起的坟墓。《说文》：“冢，高坟也。”

塚 篆

豳

bīn

“一群野猪”（豩，豩）栖息的“山”（山），豩山也。

“豩”的甲骨文豩是一群野猪奔跑的象形字。因此，“豳”就是野猪栖息的山。《诗经·豳风》是记载古代豳国人民（陕西境内）的农家生活，其中提到，冬猎时，若是猎到小猪归自己，猎到大猪则献给官家祭祀。可见，豳国人民在豳山猎猪是一种习俗。

甲

金

篆

豪

háo

"高"（ ）大的"猪"（ ，豕）。

"豪"引申为高大、蛮横、才华过人，相关用词如豪饮、豪雨、豪杰、豪放等。古代所谓的"豪猪"并非现代人所指的"刺猬"或"箭猪"等小型动物。例如西汉《扬雄传》："张罗罔罝罘，捕熊罴豪猪虎豹。"其中所指的熊罴、豪猪、虎豹都是大型动物。显然，古代所谓的"豪猪"就是大型野猪，与现代人所称的"豪猪"是有差异的。所以"豪"才会引申出高大、蛮横等意义。

篆

养猪

家

jiā

下层有"猪"（ ，豕）圈的"房子"（ ，宀）。

河南省焦作市在2010年出土了一批西汉陶制墓葬品，其中一具双层建筑陶器，下层为猪圈，上层为房舍，房舍内还可设厕所，排泄物可直接排入猪圈，与猪粪混合，可以作为肥料。而人们在浙江余姚河姆渡遗址中发现更早的新石器时代的大规模的干栏式建筑，是先在土中打入木桩，接着在木桩上架上横梁并铺一层木板，木板上再搭建供人居住的房屋。这种腾空的建筑除了能防止水灾及野兽侵害之外，底层还可以饲养家畜。对先民来说，猪是极具经济价值的财产，是家庭中不可或缺的。由甲骨文 、金文 、 的构形，可看出先民过着人与家畜共同居住的生活。

甲

金

篆

豢

huàn

双手（𠬞）捧着挑选出来的米（釆，釆）给猪（豕，豕）吃，显然这是一条精心饲养的猪。

篆

圂

hùn

猪圈也。

四十年前的台湾乡下，厕所都搭建在猪寮里，如此一来，不单是人、猪的排泄物可以聚合成肥料，而且臭气可以远离人居住的地方。《前汉纪》记载一群猪从厕所中冲出来，而远古的考古文物中，也普遍发现猪居于厕的生活形态，可见此习俗由来已久。甲骨文圂、圂都代表猪在圈中。“圂”的本义为猪寮，引申为厕所。《说文》：“圂，厕也。从豕在囗中也。”《前汉纪》：“厕中豕群出。”

甲

篆

豚

tún

小“肉”（月）“猪”（豕，豕）。

甲骨文豚是由“豕、肉”两符号所组成，代表一条肉猪，金文豚添加了一只手，代表伸手抓小肉猪。“豚”引申为小肉猪或形状像小猪的动物，如海豚、河豚等。

甲

金

篆

“犬”的衍生字

豹

豺貓貂貔貅

豸

淚

戾

突

器

然

獻

犬

獎

肰

狀

狐狸猿猴
猩獅獐

厭

伏

哭

狄

喪

獄

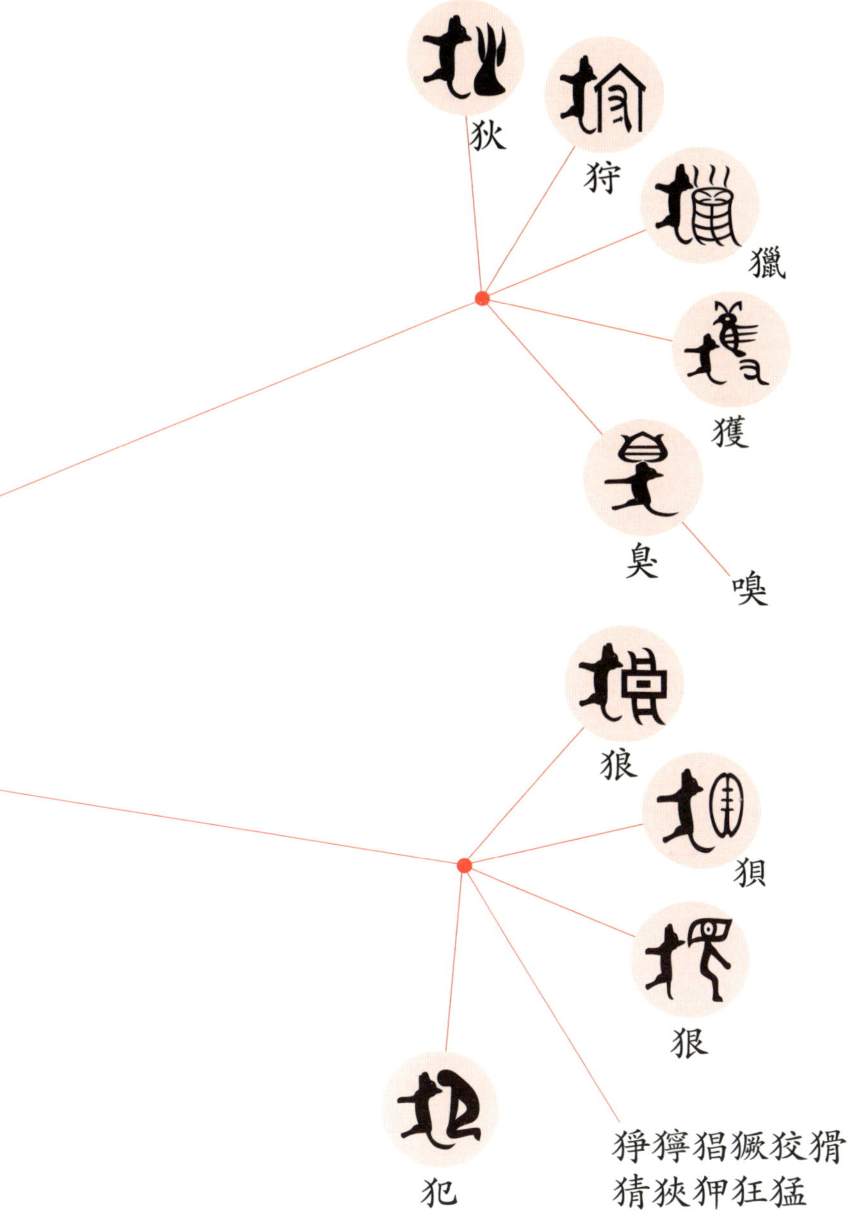
狄
狩
獵
獲
臭
嗅
狼
狽
狠
犯
狰獰猖獗狡猾
猜狹狎狂猛

“犬”的甲骨文、金文及篆体是一只狗的象形文。古人将狗分成三类：猎狗、看门狗及供人食用的狗。从犬的构字来看，与狩猎有关的有狩、猎、狄、获、臭等；与看门狗有关的有器、戾、突等；而与食肉犬有关的则有肰、然、獎、状、献等。《埤雅》：“犬有三种，一者田犬，二者吠犬，三者食犬。”值得一提的是，狼也属犬类，因此一些凶狠狡猾狰狞的字也都具有“犬”的偏旁。

猎狗

狄

dí

擅长以“火”（）攻及猎“犬”（）来打猎的民族。

先秦典籍称猎犬为“田犬”，而用火攻来猎取动物的方式，则称为“火田”或“火猎”。这是用火全面围攻猎物栖息地，但留一个出口让动物奔逃，在出口处则埋伏着猎犬来捕捉猎物。在汉字当中，“狄”与“狩”最能诠释这种田猎习俗。周朝限定只能在昆虫冬眠后才能施行火田，因此《礼记》规定百姓：“昆虫未蛰，不以火田。”何谓火田？《尔雅》解释说：“火田为狩。”《老子》主张：“不涸泽而渔，不焚林而猎。”“狄”是古代以田猎维生的北方民族，在商周时期被称为鬼方、戎狄或犬戎，在汉朝被称为匈奴。《汉书·匈奴传》形容他们：“贪而好利，被发左衽，……辟居北垂寒露之野，逐草随畜，射猎为生。”

金

篆

埋伏猎“犬”（  ）“守”候（  ）以捕捉猎物。

狩

shòu

古人在进行火猎时，埋伏猎犬守在出口等待猎物，这就是《尔雅》所说的：“火田为狩。”古字“狩”与“守”是通用的，如《礼记》：“天子五年一巡守（狩）。”相关用词如狩猎、冬狩等。

篆

在“川”（  ）中设置“鱼笱”（  ）来捕鱼。

巤

liè

“巤”是古代渔猎生活的写照。古人除了结网捕鱼之外，也用一种称作“笱”的竹制捕鱼器，现代人叫“鱼笼”或“鱼筌”。渔夫将它放在河口或堰口处，当鱼群顺着水流游动时，不小心就流进鱼笼里。鱼笼口内有倒门，鱼一进去就出不来。中国早在周朝就有捕鱼笱的记载。如《诗经》：“敝笱在梁，其鱼鲂鳏。”（将破旧的鱼笼设置在河梁处以捕捉鲂鳏之类的大鱼。）“巤”的金文  、  、  以大口、倒门、腹网来描写鱼笱。汉《焦氏易林》：“捕鱼河海，笱网多得。”《说文》：“曲竹捕鱼笱也。”

金

篆

使用“犬”（ ）及渔具进行捕猎（ ，巤）。

獵猎

liè

金 篆

“猎”（ ，巤）获的“肉”（ ）。

商周人在冬季狩猎，再将所得的猎肉腌制，称为“腊肉”，而这个狩猎月份则称为“腊月”。“腊”的篆体 以狩猎用的“网”及“肉”来描写，小篆则将网改成“巤”。

臘腊

là

篆

驱使猎“犬”（ ）“捕得猎物”（ ，蒦）。

獲获

huò

篆

或chòu。狗（ ，犬）用鼻子（ ，自）追踪猎物。

“臭”引申为辨别气味。古人知道狗的嗅觉很灵敏，甲骨文 画的是狗（ ）用鼻子（ ）追踪猎物。“臭”本义为“嗅”，辨别气味，后人改作 （嗅）。因为犬能闻出尸体的臭味，所以“臭”引

臭

xiù

金 篆

申为难闻的气味，同“臭”，音发chòu，相关用词如恶臭。《说文》：“禽走，臭而知其迹者，犬也。”

看门狗

古代的看门狗称为吠犬或守犬，主要是用来看家或看守器物的。

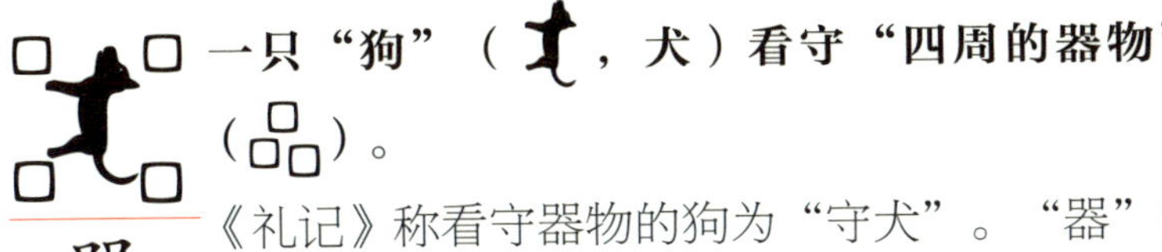

一只“狗”（，犬）看守“四周的器物”（）。

器

qì

《礼记》称看守器物的狗为“守犬”。“器”的本义是需要看守的贵重器物，引申为有才干的人，相关用词如器具、器官、才器。《说文》：“器，皿也，象器之口，犬所以守之。”

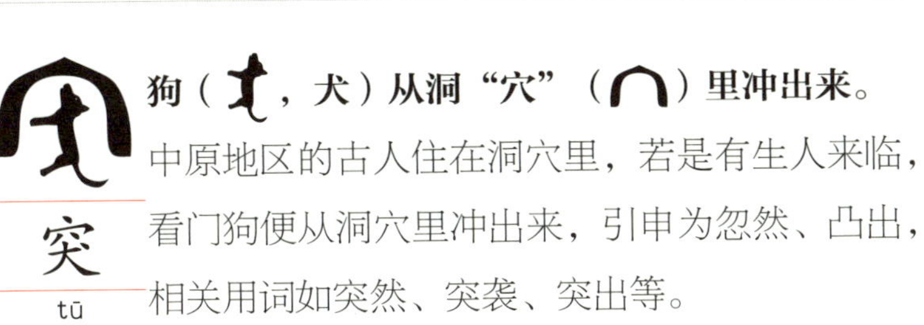

狗（，犬）从洞“穴”（）里冲出来。

突

tū

中原地区的古人住在洞穴里，若是有生人来临，看门狗便从洞穴里冲出来，引申为忽然、凸出，相关用词如突然、突袭、突出等。

戾
lí

凶恶的狗（犬）守在门（户）旁。

看门狗通常都不是好惹的，陌生人一靠近门边，冷不防就被咬一口。因此，“戾”的引申义有两个，一个是到达或客人来临，如《诗经》：“鸢飞戾天”、“鲁侯戾止”；其二为暴恶，这是以突然冲过来的恶犬所引申的字义，相关用词如暴戾、乖戾（乖张易怒）等。

篆

食用狗

2010年12月，考古学家在陕西省西安附近的一座古墓中，挖掘到一个战国时期的青铜鼎，鼎内仍存留着一整锅完好的狗肉，这锅狗肉想必就是《礼记》所说的美食“犬羹”。在新石器时代的河姆渡遗址上，考古学家就已发现吃剩的狗骨头。可见中国人吃狗肉的习俗至少可追溯到五、六千年前。

肰
rán

狗（犬）“肉”（）。

有关中国人吃狗肉进补的习俗，《礼记·月令》记载，深秋时，吹起寒风，天子吃狗肉与麻来进补。《黄帝内经》记载，肝病的人，适合吃麻、犬肉与韭菜。《说文》：“肰：犬肉也。”

篆

然

rán

"火"（ ）烤"狗肉"（ ，肰）。

在现代社会里，吃狗肉被视为野蛮行为，然而，古代名人如朱亥、高渐离、樊哙等都是杀狗出身的，可见古代烹煮狗肉是一种谋生的技能。

"然"本意为烹煮狗肉，是"燃"的古字，如《孟子》："若火之始然（燃）。"引申为如此这般、但是，相关用词如当然、然而等。

金 篆

奬 奖

jiǎng

坐在"长板凳"（ ，爿）上，"手"（ ，寸）拿"狗"（ ，犬）"肉"（ ）享用。

古代，狗肉比羊肉与猪肉更有价值，常被用来奖励有功的战士。春秋时期的越王勾践甚至还用狗肉来奖励生育。除此之外，狗肉也是献给神的美物，如《礼记》记载："凡祭宗庙之礼：牛曰一元大武，……犬曰羹献。"

篆

狀 状

zhuàng

陈尸在"长板凳"（ ，爿）上的"狗"（ ，犬）。

士兵盯着烤好的狗肉陈列在长板凳上，无不垂涎欲滴，然而只有勇士能享受美味。"状"引申为样式、功绩，相关用词如形状、奖状等。《说文》："状，犬形也。"

篆

将"甗"（）中的"犬"（）肉当作奖赏呈给应得之人。

獻献

xiàn

周朝人将狗肉煮成羹汤称为"犬羹"，并以此当作献礼，如《礼记》："犬羹，兔羹。""犬曰羹献。"《周礼》："膳献。""献"与"奖"有相近的构字概念，两者都以"犬"肉当作献礼或奖品。"献"的相关用词如奉献、献祭、贡献等。

甲 金 篆

人也有狗性

"人"（）像狗（，犬）一样趴下来。

伏

fú

"伏"引申为朝下趴着、接受惩罚，相关用词如埋伏、伏法等。

金 篆

两只狗（，犬）相咬。

狖

yín

《说文》："狖，两犬相啮也。"

篆

诉讼时，两造之间激烈攻防的“言”词（言），好像“两只狗相咬”（犾，犾）。

獄狱

yù

邓析是春秋时期的大夫，是当代有名的讼师，也就是今天所谓的律师。《吕氏春秋》记载他收取律师费的标准是“大狱一衣，小狱襦袴。”也就是重大案件一件大衣，小案件则一件上衣或裤子。“狱”的本意是诉讼，后来引申为监牢，如监狱。《吕氏春秋》描写邓析擅长诉讼，能将错的说成对的，对的说成错的，想胜诉就能胜诉，想加罪于人就能陷人于罪。于是乎，郑国人民都来向他学习诉讼，搞得举国大乱，最终邓析遭宰相子产处死。邓析有名的“两可说”是一个重要思想，“可”与“不可”全在他的掌握之中。我们从以下故事可窥知一二。有一个富人被洧河的大水冲走，过几天，有人把他的尸体捞起，并向他的家属开高价勒索。富人家属就来找邓析出主意。邓析安慰说：“你安心回家去吧，别人是不会买那个尸体的。”于是富人家属就在家中等着，不主动去买尸体了。这下，打捞得尸体的人着急了，也来求助邓析。邓析同样对他们说：“你安心回家去吧，除了向你买以外，富人家属在别处是买不到的。”

金

篆

厭厌

yàn

"狗"（，犬）把"甘"美（）的"肉"（）叼到"岸"（，厂）边。

狗吃饱了，把多余的肉叼到岸边。引申义有两个，其一为饱足，相关用词如贪得无厌等；其二为嫌弃，相关用词如厌倦、讨厌等。金文表示"狗"（）的"口"（）里咬着一块"肉"（）；篆体把"口"改成"甘"，并添加了厂（），"厂"表示山崖或河岸。"厭"的简体字为"厌"，肉不见了，只剩下河岸边的野狗。

金 篆

哭

kū

一个哀伤的人如"狗"（，犬）一般"连连嚎叫"（ᗜᗜ，吅）。

狗的哀号声可以传到数里之外，在冬夜听来格外凄厉，古人便借此来描写人的哭号声。"哭"的篆体有几种构形，描述一个泪眼汪汪的人，哭得简直快要站不住的模样；表示一个号啕大哭的人；表示一只嚎叫连连的狗。

篆

喪丧

sàng

或sāng。为"失去"（，亡）心爱的东西而哀"哭"（）。

（请参见"亡"）。

篆

贪狼

狼与狗的基因相近，有些科学家认为狗是驯化的狼。就汉字而言，犬（犭）也代表狼（或狈），因此被用在与凶狠狡猾有关的形声字，如狰、狞、猛、狠、猖、獗、狡、猾、猜、狭、狎、犯、狂等。古人会做如此的造字联想，大概是由于狼所具有的机警本能吧！

狽狈

bèi

“贪”心（贝，贝）的“犬”类（犬）。

狼

láng

“犬”类（犬），良（良）为声符。过去，我们将狼与狈视为两种动物，狼的前腿长后腿短，而狈的前腿短后腿长。其实这种可笑的误解是受了唐朝段成式的影响，他在《酉阳杂俎》说：“狈前足绝短，每行常驾两狼，失狼则不能动。”以自然观察来看，狼的前脚一点都不比后脚长，而“狈”的甲骨文与金文构形，前脚与后脚一样长，可见段氏之说相当荒谬，而后世更以讹传讹，贻笑千古。到底，狈是什么生物呢？甲骨文、金文、、都是“贝、犬”的合体字，其中，“贝”是形容符号，代

甲 金 篆

表贪财或贪心，而狼属于犬类，故整体而言，是描写一匹贪心的狼。“贪狼”一词屡见于古籍，如贪狼邪僻、贪狼逐狐、匈奴贪狼、秦王贪狼暴虐、贪狼之志等。狼喜欢群体出动，而狈是贪狠的狼，这群狼统称为狼狈，相关用词如狼狈为奸、狼狈而走等。

“狈”就是狼的第一项证据是，“狈”的甲骨文与金文，演变到篆体被改成“狼”。为何“狈”有甲骨文与金文，却没有篆体，而“狼”有篆体却无甲骨文及金文呢？原来，“狈”到了篆体被改成“狼”（𤟹），意即将义符“贝”改成声符“良”，这是篆体变革中的一种现象。此外，先秦典籍与古文间的矛盾也是另一项证据。既然甲骨文与青铜铭文证实商周时期有“狈”字而无“狼”字，为何周朝典籍未见“狈”字却屡屡出现“狼”字呢？可见是后人将“狈”改成“狼”字。

狠 hěn

露出如狼（犭，犭）一般的凶狠眼神“回头瞪视”（艮，艮）。

狼的叫声与眼神令人印象深刻。狼群会用叫声相互传递信息，旅人闻此狼啸便觉毛骨悚然；而狼的眼睛异常犀利，在夜间搜寻猎物时还会发出幽幽绿光，让人望而生畏。“狠”引申为凶残，相关用词如狠毒、狠心等。

篆

野狼或野狗（，犭）在攻击一个蹲缩的可怜人（，㔾）。

犯

fàn

“犯”引申为进攻、欺凌、伤害等，相关用词如侵犯、触犯、犯法等。《说文》：“犯，侵也。”“犭”后来也用来表示其他的四脚食肉动物，如狐、狸、猿、猴、猩、狮、獐等，不过这类汉字都是后期发展的形声字。

张开大嘴的食肉性动物

张开大嘴的肉食性动物。

豸

zhì

甲骨文及篆体是描写一只张开大嘴的肉食动物，由于张开的大嘴是朝着地下，而非朝着前方，显然这只猛兽已捕获猎物，正在低头撕开猎物享受大餐，简洁又生动地描写出肉食性动物的形象。以“豸”为义符的形声字有豺、貓、貂、貔、貅等。

身上有“勺”状纹（）的凶猛动物（，豸）。

豹

bào

“豹”的甲骨文显示身上有豹纹。由于花豹身上布满了许多橘色圆弧包裹着黑色斑点的图案，形状与“勺”相近，所以篆体将豹纹改成“勺”。

篆 甲 篆 甲 篆

"马"的衍生字

馬

騁 驃 驫 篤

駁 馮 憑

驕 驍

嗎媽瑪碼螞

驢騾驅馳騰騙駿騖駕駙駐駛馱駝驚駭騷驟

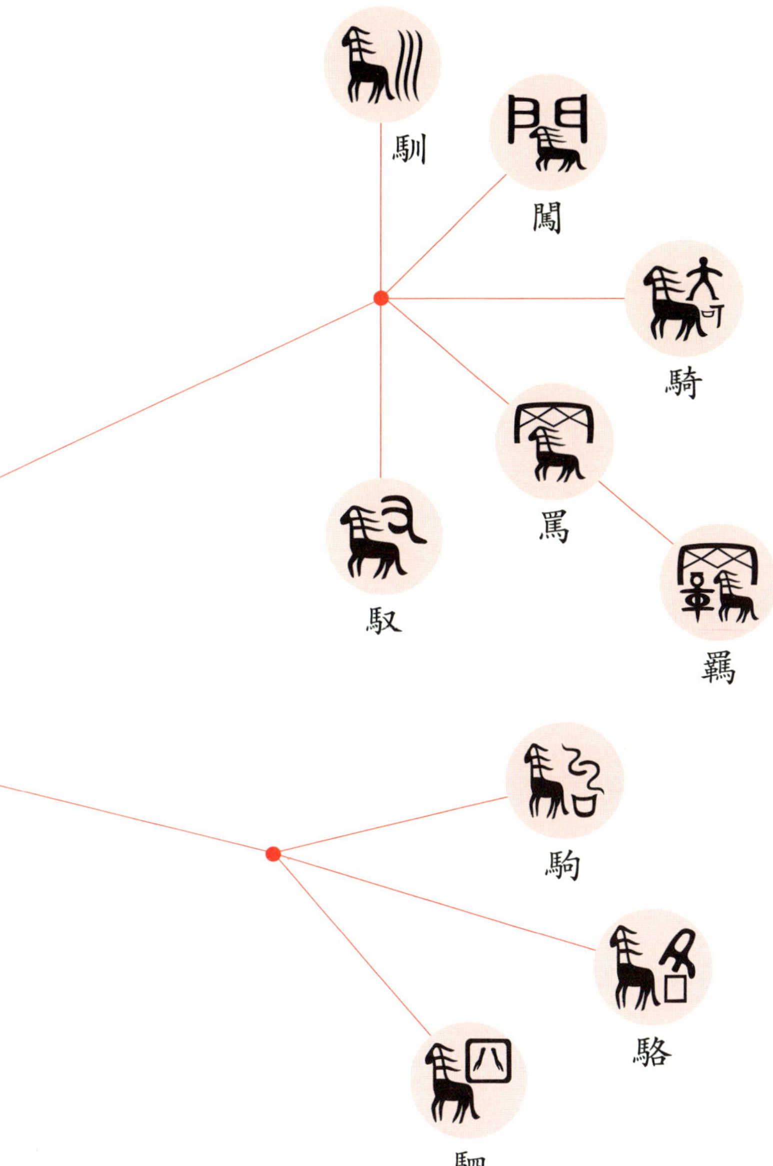
馴
闖
騎
罵
馭
羈
駒
駱
駟

“马”的甲骨文、金文及篆体是一匹马的象形字，我们从“马”所衍生的汉字中可以了解商周时代有关马的文化。从驯服野马、用马拉车、靠马渡河，到训练千里马，一概俱全。甚至借由马来描写人性。

駁驳 bó

花纹交错（，爻）的杂色“马”（）。

驳马就是杂色马。《管子》：“乘驳马而盘桓。”《说文》：“驳，马色不纯。”甲骨文、是“爻”与“马”的会意字，其中，“爻”是形容符号，代表交错混杂。杂色马通常都有两种不同颜色不规律地分布在全身，所以用“爻”来表达这种交织混杂的概念。“驳”除了引申为颜色斑驳以外，也引申为两种相对的意见或事物，如《春秋繁露》：“荣辱踔然相驳。”相关用词如驳斥、辩驳等。

驯服野马

罵骂 mà

因被“网”住（，网）而生气的“马”（）。

当野马被套住的时候，不仅会挣扎，还会发出愤怒的嘶鸣，鼻孔还会不时喷气，好像是在咒骂一般。马会骂人吗？《论衡》记载了一段两马相骂的趣事，四川广汉有个能听鸟兽语言的人，叫阳翁仲。有一天，他坐着马车经过田野，其中一匹拉车的马是

瘸腿的。野地里正巧有一匹马，于是这两匹马隔着老远就相互嘶鸣。杨翁仲就对他旁边的马夫说，那匹马的眼睛瞎了一边。马夫说：“你怎么知道？”翁仲说：“那匹马骂这匹拉车的马是瘸子，这匹马也骂那匹马是瞎子。”马夫不信，跑过去一看，那匹马果然瞎了一只眼。《论衡》：“骂此辕中马蹇，此马亦骂之眇。”

将“马”（ ）“网”住（ ，网），再以皮“革”（ ）制的马缰、马鞍约束它。

羈羁

jī

“羁”的本义是控制野马或约束马的器物，引申为强制约束，相关用词如羁管、羁役、羁绊等。

篆

“马”儿（ ）冲出栅“门”（ ）。

闖闯

chuǎng

“闯”是描写一匹马从马厩里突然往外冲出去，《说文》：“闯，马出门貌。”引申为不顾后果的贸然行动，相关用词如闯荡、闯祸等。

篆

以“手”（ ，又）控制“马”匹（ ）。

馭驭

yù

金文 表示手持（ ）马缰绳（左右对分的线条）以控制马匹（ ）。篆体 简化为以手（ ）控制马匹（ ）。相关用词如驾驭、驭马等。

金

篆

把“马”（）驾驭得像“川”水（）一样顺畅。

馴驯

xùn

“驯”与“顺”二字都含有“川”。“川”是一条流畅的川水，这两个字都以“川”来形容流畅。

或j i。一个人（，大）在“马”（）背上快乐地“歌唱”（，可）。

騎骑

qí

训练马拉车

能“勾”引（）重物的“马”（）。

駒驹

jū

商周时期，当马匹成长到两岁时，就必须让它脱离母马，安上缰绳，这个过程称为“执驹”，之后再慢慢训练它驮重物，拉马车，又称为“攻驹”。《大戴礼记·夏小正》：“执驹也者，离之去母也。……攻驹也者，教之服车。”经过这些成年礼训练的马，才配称为“驹”，因此，“驹”引申为受过训练的良马，如千里之驹。金文、由“句”“马”所组成，“句”的本义为相互勾连，与“勾”通用，故“驹”的本义是将马与负重之物勾连在一起，表示可承担重任的好马。

篆

篆

甲

篆

行走在大“路”上（各）的“马”（马），即古代的“路马”。

駱骆

luò

“各”的本义为一只脚往回家的路上走（请参见“各”），后来添加“足”成为“路”。“马路”一词出于《左传》，代表专供马或马车驰行的大路。而所谓的“路马”则是指行走在大道上的马，而“路车”则是指通行在大道上的马车。古代没有汽车，达官贵人出入以“路马”或“路车”为交通工具，如《礼记》：“乘路马，必朝服”“卷冕路车”。后来，“路马”简写作“骆”，“路车”则简写作“辂”。“骆”与“辂”指高大的马或车，通常是天子或诸侯所骑乘，如《礼记》：“天子居总章大庙，乘戎路，驾白骆”，“所谓大辂者，天子之车也。”《大戴礼记》：“诸侯相朝之礼，各执其圭瑞，服其服，乘其辂。”由此可知，天子所骑乘的马与车称为“大骆”或“大辂”，此外，“大骆”也是周天子的马夫，也可说是替天子管理马匹的官。秦国的祖先善于养马，被封为大骆，他把这个技能传授给儿子赵非子，后来，非子也继承了大骆的职位。赵非子将周天子的马养得很精壮，深得天子宠信，后来获得封地，称为秦，“秦”的构字本义就是养马人（请参见“秦”）。从此，赵非子改姓秦，也就是秦非子。《史记》：“大骆生非子”，“非子居犬丘，好马及畜，善养息之。犬丘人言之周孝王，孝王召使主马于汧渭之闲，马大蕃息。孝王欲以为大骆适嗣。”

甲

篆

拉着同一辆车的“四”（八）匹“马”（）。

駟驷

sì

在周朝，四匹马拉一辆马车，称为一乘。《说文》：“驷，一乘也。”所谓的“千乘之国”或“千驷之国”就是拥有一千辆马车的大国。如《论语》说：“齐景公有马千驷，死之日，民无德而称焉。”俗话说：“一言既出，驷马难追。”可见，四匹马拉的战车速度是非常快的。

金 篆

高壮的马

高大（，尧）的“马”（）。

驍骁

xiāo

“骁”引申为勇猛，相关用词如骁勇、骁骑、骁悍等。《说文》：“骁，良马也”“尧高也”。

篆

长得“高”大（）走起路来摇摇摆摆（，夭）的“马”（）。

驕骄

jiāo

“骄”的本义为一匹放荡不拘的高壮野马，《说文》：“马高六尺为骄。”引申为傲慢自大，相关用词如骄傲、骄奢、骄纵等。“乔”的构字本义为长得高大但走起路来摇摇摆摆的人，在此形容马高大自傲（请参见“乔”）。孔子说：“如有周公之才之美，使骄且吝，其余不足观也矣。”

篆

快马加鞭

篤笃

dǔ

受到"竹"鞭（⺮）驱策的"马"（马）。

竹鞭是古代御马的必要工具，称为"策"（请参见"策"）。驾马若不用"策"，马儿就会散漫、游晃，甚至停下来吃草，一经鞭策，马儿就立刻勇往直前，所以《孔子家语》说："御狂马不释策。"《潜夫论》也说："千里之马，骨法虽具，弗策不致。"可见即便是千里马，也必须加以鞭策才能使它专心一志，确实达成目标。"笃"引申为督责、专心一志、确实地。如《盐铁论》："吏正畏惮，不敢笃责。"其中，"笃责"就是"督责"之义，其他相关用词如笃意（专心一意）、笃行（确实执行）等。

篆

驃骠

piào

快"马"（马）奔驰如风"飘"逸（票，票）。

"骠"本是描写一匹飞马，引申为快速、勇猛。《集韵》："骠，马行疾貌。"相关用词如骠勇、骠骑将军。霍去病是中国历史上第一位骠骑将军（也写作票骑将军），受封于汉武帝元狩三年春天。霍去病第一次出征匈奴年仅十八岁，率领八百骑兵，深入敌境数百里，杀死两千多名敌军，俘虏匈奴首领的叔父，一战成名。其后数次长征匈奴，杀敌无数，迫使匈奴大举撤退，不敢进犯。可惜，这位勇猛的骠骑将军年仅二十三岁就因病去世。

篆

騁骋

chěng

带着礼物（，甹），骑着快“马”（），飞奔目的地。

此人骑着快马飞奔，显然是有任务在身，应是为了完成聘礼吧，因为“骋”是由“聘”分化而来的。如《荀子》：“孰与聘能而化之。”其中的“聘能”就是“骋能”，意思是任意施展才能。《玉篇》：“骋，直驰也，走也。”“骋”的相关用词如驰骋等。

篆

驫骉

biāo

众“马”（）奔驰。

金

篆

勇敢渡河的马

馮冯

féng

或pínɡ。骑“马”（）渡过“冰”冷（，冫）的河水。

中国北方的冬天，有不少河川会结冰，要想平安渡河并不容易，因为河流深浅难辨，河水又冰凉刺骨，稍一不慎，摔落河中可就凶多吉少。于是，古人借助于马匹渡河。金文由“仌、马、止”组成，其中，马的四肢以“大”字型张开，脚底的符号像是浸泡在水中，代表骑马渡过冰冷河水，篆体简化成“仌、马”，表

金

篆

示马在冰上。“冯”引申为涉水、仗势、贪求等，如《诗经》：“不敢冯河（不敢渡河）”“有冯有翼（有倚靠有辅翼）。”《庄子》：“冯而不舍（贪求不舍）”。

依靠着“马”（ ）渡过“冰”冷（ ）河水的“心”（ ）。

憑凭

píng

“憑”的本字是“馮”，后来添加“心”以表示靠马过河的心。“凭”引申为仗势、倚靠，相关用词如凭借、凭空想象等。

其他动物

象

xiàng

“象”的甲骨文、、金文、都是一只大象的构形。

《尔雅》称赞大象是：“南方之美者”。大象的形态美丽，性情温顺，象牙尤其珍贵，为周朝贵族所喜爱。甲骨卜辞记载：“王田……虎……象。”这是纪录商朝君王猎捕老虎、大象的事件。后来，大象日见稀少，周朝贵族所使用的象牙主要靠西南夷的进贡，因此《诗经》记载：“元龟象齿、大赂南金”。东汉许慎说：“象，南越大兽。”可见在汉朝，象只能从越南等国而来。大象为何在中国突然绝迹了呢？《左传》说：“象有齿以焚其身。”意思是说，大象因有珍贵象牙而招致捕杀。金文是“象、爪、支”的合体字，似乎是描写以工具取象牙。《逸周书》记载周武王捕猎数万头动物，捕猎清单中列有虎、猫（狮）、麋、犀、牦、熊、罴、豖、貉、麝、麋、鹿等，唯独没有大象，显然大象已极为稀少，一般人大概只能从有关的器物中来认识大象。湖南博物馆收藏了商朝的“象尊”，这是一个盛酒的青铜壶，造型是一只完整的大象，象鼻上扬，倒酒时，酒从象鼻口

甲 金 篆

流出，优雅而富趣味性。这类象尊的记载也出现于《周礼》：“献用两象尊”。

像

xiàng

篆

“人”（  ）在猜想大“象”的模样（  象）。

“象”是“像”的古字。如《左传》：“物生而后有象（像）。”《周礼》：“皆画其象（像）焉。”《易经》：“象也者，像此者也。”“象”是一种生物，而“像”代表相似、图像，两者意义不同，为何古人会混为一谈呢？《韩非子》解释说：“人希见生象也，而得死象之骨，按其图以想其生也，故诸人之所以意想者，皆谓之象也。”可见，战国时期，许多人从未见过大象，只能由象的骸骨或图画来认识这种珍稀动物，于是，“象”就引伸出想象、相似、模样的意义。到了小篆，为了避免混淆于是添加“人”而成为“像”，相关用词如相像、人像、影像等。

爲为

wèi

甲 金 篆

或wéi。“抓”（  ，爪）大“象”（  ）来供人使用。

象除了能搬运重物之外，还能打仗、耕田。《吕氏春秋》记载，周成王登基时，东方的殷商人驯服大象以作为侵扰工具，后来，周公平息战乱后，作了三部有关大象的舞曲以资纪念（原文：“商人服象，为虐于东夷，周公遂以师逐之，至于江南，乃为三象，以嘉其德。”）除此以外，传说舜能用象来耕田，死后，大象还继续守在墓旁耕耘。《论衡》说：“舜葬苍梧，象为之耕。”即便是今日，泰国境内也还可以见到农夫骑在大象背上耕田的景象。“为”的本义是驱使象替人工作，引申为替某某做事等，相关用词如为了、作为等。

偽伪

wěi

“人”（  ）“为”（  ）的，非天然的。

商朝的妇好墓中出土了一只完整的玉制幼象，体积虽小却相当逼真。活生生的象与人造的象，有何差别呢？前者是真的，后者是假造的。

“伪”引申为非真实的、假造的，相关用词如伪造、虚伪等。

篆

能

néng

一只强壮的熊。

“能”是“熊”的古字，如《论衡》：“鲧殛羽山，化为黄能（熊）”。“能”的金文  、 及篆体  是一只熊的象形文，清楚描写出熊的一张大嘴及两只熊掌。现代汉字，将头写成“厶”，大嘴写成“月”，熊掌写成“匕”。熊的力量胜过虎豹，能直立，像一个大能勇士。《尚书》所指的“熊罴之士”就是勇猛的战士，因此，黄帝的部族称为“有熊氏”，并以熊为图腾来象征族人的强壮。“能”的本义是熊，引申为力量、本领，相关用词如能力、才能、能干等。《淮南子》：“熊罴多力。”

金

篆

大"火"（火）煮"熊"（能，能）。

熊

xióng

"熊"的本字是"能"，后来添加火以示区分，可见商周人看到熊就想到煮来吃。在古代，熊与罴的数量庞大，《逸周书》记载："武王狩，禽虎二十有二，猫二，……，熊百五十有一，罴百一十有八。"可见熊罴的数量远超过老虎狮子，武王一次狩猎竟然可捕获两百六十九只。可是，中国境内的熊后来为何变得如此稀少呢？除了熊皮、熊肉具有经济价值之外，大概是因为爱吃熊掌的关系。自古以来，君王爱吃熊掌（古时称为熊蹯）。《论衡》记载，太子商臣叛变，欲杀死自己的父亲楚成王，成王临死前，要求吃完熊掌再死，遭到拒绝，于是自缢身亡。又《史记》记载，晋灵公爱吃熊掌，有一次，御厨没有将熊掌炖熟就端到他面前，他一气之下，竟然把御厨给斩了。

篆

"熊"（能，能）被"网"住（网，网）了。

罷 罢

bà

有关古人张网捕猛兽的纪载不少，如《汉书》："张罗罔罝罘，捕熊罴豪猪虎豹狖玃狐菟麋鹿。""罢"的本义为熊被网住了，猎捕活动已告结束，引申为停止、免去，相关用词如罢兵、罢官等。

篆

"火"（火）烤被"网"住（网，网）的大"熊"（能，能）。

羆 罴

pí

"罴"是大形的熊。如《诗经》："维熊维罴。"《尚书》："让于朱虎熊罴。"

篆

态

态 tài

“心”（）中才“能”（）的彰显。人的能耐自然会显现于外，观察人的外在言行举止就可推知内在能力。“态”引申为神情举止或样式，相关用词如态度、态势、型态。“態”的简体字为“态”。

篆

兔

兔 tù

善于“逃脱”（，免）而免于被捕捉的动物。甲骨文、是一只兔子的象形文。篆体有了重大变化，在“免”（）之后加了“一划”就成了“兔”（）（请参见“免”）。“免”有脱离的意义，后来加上的这一划，除了象征兔子尾巴之外，也隐藏了逃脱的意涵。“兔”的引申义为逃脱，所谓的“兔脱”就是逃离猎人之手。

甲

金

篆

逸

逸 yì

“兔”子（）逃“走”（，辶）了。“逸”引申义为消失不见，相关用词如逃逸、隐逸等。另外两个篆体、都把“兔”写成“免”，可见“兔”是由“免”衍生而出的。

篆

冤

冤 yuān

“兔”子（）被“罩住”（，冖）了。野兔不易捕捉，因此古人便设下陷阱。最常见的手法是以兔子喜欢吃的食物当诱饵，在诱饵上方放置一个罩子。上当的兔子去吃诱饵，守候一旁

篆

的猎人一拉绳线，兔子就被罩住了。被骗而心有不甘谓之“冤”，相关用词如冤枉、冤屈等。

鹿

lù

豢养在屋棚下（，广）的鹿（）。

甲骨文、金文及篆体都是描绘一头鹿，但到了隶书则加上“广”（），用以表示豢养在屋棚下的鹿。古代的鹿苑就是指用来养鹿的园子。

甲 金 篆

慶庆

qìng

诚“心”（）“缓步”（，夊）呈献“鹿皮”（）到他人家中祝贺。

商周时代，鹿（与禄同音）象征吉祥。鹿皮除了可做聘礼，也可做祝贺或酬宾的礼物。金文是一张有鹿角、头及尾巴的鹿皮；另一个金文添加了一个“心”，表示诚心诚意；篆体又添加了夊（），意表缓步前行以表恭敬。“庆”引申为喜事、祝贺，相关用词如喜庆、庆祝等。“慶”的简体字为“庆”。

金 篆

矦

hóu

或侯。用箭（，矢）射向挂在高处（，𠂆）的箭靶。

古代天子为招募英才，办理射箭比赛，称为“射侯”。所谓的“侯”就是高高挂起的靶子，此箭靶是用兽皮做成的，高高挂在远处供人射击。后来，渐渐将兽皮改成布幕，上面画着熊、虎、豹或鹿等，分别称为熊侯、虎侯、豹侯等。甲骨文及金文、、

甲 金 篆

都是代表把箭“矢”射向“垂直布幕”（，厂）上所绘制的动物。“厂”代表悬崖、河岸，在这里代表垂直布幕（汉字“盾”也有同样的构字概念）。篆体将“厂”改作“产”，“产”是“危”的本字，代表高处。周朝贵族在天子举办的射侯比赛当中，表现好的就能当高官，因此，“侯”便引申为官职，如诸侯、鲁侯、侯爵等。《周礼》：“王大射，则共虎侯、熊侯、豹侯，设其鹄。”《礼记·射义》：“故天子之大射，谓之射侯。射侯者，射为诸侯也。射中则得为诸侯，射不中则不得为诸侯。”

猴

hóu

射“侯”（，矦）用的类“犬”（）动物。在山东嘉祥武宅山的汉代墓室壁上刻有一幅壁画，画的下半部是车水马龙的宾客，右上方是描写许多人拜谒主人的盛况，而左上方则是有人举起弓箭，瞄准树上的猴子与雀鸟。画中以射猴子来象征“射侯”，并以射雀鸟来象征“射爵位”，表现了官场中人人汲营求取“侯爵”的景况。另外，猩、猿、猴都是有“犬”偏旁的形声字，可见古人是把猿猴归属于犬类。《仪礼》所记载的“猴矢”就是射猴的箭，《周礼》称为“鍭矢”，用于打猎（《周礼》：“杀矢、鍭矢用诸近射、田猎”）。然而，古人射猴子，似乎并不是为了食用，《淮南子》记载，楚国有人烹煮猴子，请邻居来享用，大家都以为是狗肉，吃完后，主人才告知是猴肉，他们听了之后，都把吃进去的肉吐出来（《淮南子》：“楚国有烹猴而召其邻人，以为狗羹也，而甘之。后闻其猴也，据地而吐之，尽写其食”）。由

篆

此可见，古代贵族射猴只是把猴子当箭靶来练习射猴。

鼠

shǔ

有一口利嘴及一双利爪，能挖洞的动物。

鼠类是“啮齿”动物，有一口锐利的牙齿，能咬碎坚硬的核果。“鼠”的甲骨文、及篆体、描写出老鼠的三个特征：满口利齿、一双爪子及长长的尾巴。商周时期，人们将鼠类统称为鼠，战国以后才分化开来，然而，所衍生的新字都已加上声符，如鼯、鼹、鼬等。其中，“鼯”鼠是一只会飞的松鼠；“鼹”鼠是一只在地底下活动的地鼠；“鼬”是身手敏捷的肉食动物，貂、獾、黄鼠狼、水獭等都属于鼬鼠科。

甲

篆

竄 窜

cuàn

老“鼠”（）到处开凿洞“穴”（）。

俗话说：“龙生龙，凤生凤，老鼠的儿子会打洞。”可见，老鼠打洞是与生俱来的本领。先秦典籍有多处记载老鼠穿墙的事迹，如《诗经》：“谁谓鼠无牙，何以穿我墉？”另外，西汉《算书》记载一则老鼠穿墙的算术问题，有一堵墙厚五尺，两只老鼠从墙的两侧对穿而来。第一天，大鼠穿一尺，小鼠也穿一尺。接着，大鼠逐日加倍，小鼠逐日减半，请问这两只老鼠几天后可以相遇？这时候，他们各穿多少尺墙？《诗经·豳风》描写先民对付鼠患的生活：“穹窒熏鼠，塞向墐户”，意思是堵死房洞熏老鼠，以土堵塞门户破洞。《说苑》：“鼠者，人之所熏也。”

篆

索引

B

罷罢　161
半　109・113
伴　109
拌　109
絆绊　109
蚌　7
豹　134・147
悲　85・87
狽狈　135・145
輩辈　85・88
必　72・76
敝　43
蔽　44
弊　44
幣币　45
蝙　7
彪　116・119
驃骠　148・155
飆飙　7
驫骉　148・156
憋　44
鱉鳖　30・43
豩　129
豳　129・131
駁驳　148・150

C

猜　135
豺　134
蟬蝉　7
猖　135
爯　3・29・37・40
稱称　37・40
騁骋　148・156
蚩　7・9
馳驰　148
遲迟　108
翅　79・80
虫　5・8・9
蟲虫　2・5・7・8・23
寵宠　6・18
臭　135・138
蜍　7
雛雏　53

豕　129・130
處处　116・122
闖闯　149・151
竄窜　165

D

達达　104・94
代　72・75
岱　72
袋　72
貸贷　72
黛　72
狄　135・136
地　6・12
弟　72・76
第　72
睇　72
貂　134
蝶　7
蚪　7
督　72・77
獨独　7
篤笃　148・155
隊队　129・128
奪夺　53・63

E

娥　7・100
弍　72・74
貳贰　72・74

F

翻　85・88
犯　135・147
非　2・49・85
飛飞　90
菲　85
扉　85・86
蜚　5・7・8・24・85
霏　85
匪　85
斐　85・86
誹诽　85・87
痱　85
奮奋　53・63
風风　2・7・26・27
楓枫　7
蜂　7
瘋疯　7
馮冯　148・156
鳳凤　2・26・50・67・68

伏 134・142

蝠 7

G

羔 95・106

告 108・115

羹 95・107

蚣 7

龔龚 6・18

冓 3・29・37・41

溝沟 37・42

苟 94・105

遘 37・41

構构 37・42

購购 37・42

羖 94

蠱蛊 7・23

雇 53・59

傭 53

顧顾 53・60

颳刮 7

鰥 30・32

觀观 52

雚 52・54

灌 52

罐 52

龜龟 3・29・35・46

鯀鲧 30・31

H

蛤 7

駭骇 148

豪 129・132

號号 116・122

鶴鹤 67

狠 135・146

虹 5・7・8・20

鴻鸿 67

矦 163

猴 134・164

狐 134

虎 2・93・116

猾 135

雈 2・49・50・51・52

圂 129・133

豢 129・133

蛔 7

蒦 52・55

獲获 52・55・135・138

穫获 52・55

J

雞鸡　50・53・64
羈羁　149・151
寂　72・77
家　129・132
駕驾　148
駱骆　149・153
件　109・114
姜　94・105
獎奖　134・141
講讲　37・42
椒　72
蛟　7
焦　53・61
蕉　53
膠胶　79・83
礁　53
驕骄　148・154
角　115
狡　135
醮　53
羯　94
解　109・115
進进　53・52・65
驚惊　148
敬　105
舊旧　52・54
駒驹　149・152
豦　2・93・116
122・129
劇剧　116・123・129
據据　116・123・129
懼惧　52
雋隽　53・62
獗　135
駿骏　148

K

蚵　7
蝌　7
哭　134・144
狂　135
蛞　7

L

臘腊　138
狼　135・145
牢　108・111
淚泪　134
狸　134

離离 52
利 112
戾 134・140
厲厉 7
寥 79・84
蓼 79・84
廖 79・83
鬣 137
獵猎 135・138
翎 79
羚 94
龍龙 3・5・6・8・15
瀧泷 6・16
聾聋 6・19
盧卢 117・124
蘆芦 117・124
廬庐 117・124
爐炉 117・124
顱颅 117
鱸鲈 30・117
虜虏 116・121
魯鲁 30・32
鹿 163
翏 79・82
戮 79・81
羅罗 52
騾骡 148
驢驴 117・148
慮虑 116・122

M

媽妈 148
嗎吗 148
馬马 2・93・148
碼码 148
螞蚂 7・148
罵骂 149・150
邁迈 7
貓猫 134
美 94・97
豖 129・130
蒙 130
猛 135
蜢 7
泌 72
宓 72
秘 72
密 72
蜜 7・72
繆缪 79・83
咩 94
黽黾 3・29・35・46

閩闽　7・10
謬谬　79・84
哞　108
牟　108・111
眸　108
牡　108・110
牧　108・110

N

難难　62
能　160
膩腻　72・75
鳥鸟　2・50・67
獰狞　135
牛　2・93・108
駑驽　148
虐　116・120

O

偶　7

P

排　85・86
判　109・113
龐庞　6・17
胖　109
貔　134
羆罴　161
翩　79
騙骗　148
飄飘　7
瞥　44
撇　45
牝　108・110
憑凭　148・157

Q

騎骑　149・152
器　134・139
牽牵　108・111
虔　116・120
羌　94・104
強强　7・9
樵　53
瞧　53
翹翘　79・80
蜻　7
鯖鲭　30
慶庆　163
丘　126
蚯　7

鰍鳅 30
蛆 7
瞿 52・65
犬 2・93・134
勸劝 54
雀 50・53・65
群 94

R

肰 134・140
蚺 37
然 134・141
冉 3・29・37・38
苒 37

S

颯飒 7
弎 72・75
喪丧 134・144
膻 94
羴 95・107
扇 79・80
善 94・98
蛇 6
升 2・49
昇升 90
牲 109・113
陞升 91
繩绳 47
虱 7
蝨虱 7
施 6・12
獅狮 134
蝕蚀 7
豕 2・93・129
駛驶 148
式 72・78
拭 72
軾轼 72
弑 72
試试 72
狩 135・137
叔 72・77
菽 72
淑 72
蜀 5・7・8・23
鼠 165
雙双 53・63
思 121
駟驷 149・154
穌稣 30・33
蘇苏 30
雖虽 7・52・59
遂 127・129

隼　50・52・58

T

他　6
它　3・5・6・8・10
她　6
牠它　6
祂　6
態态　162
特　109・113
梯　72
銻锑　72
涕　72
悌　72・76
突　134・139
兔　162
豚　129・133
佗　6・11
馱驮　148
駝驼　148

W

它　7・22
挖　7・22
蛙　7
萬万　5・7・8・25
為为　159
維维　52
偽伪　160
蚊　7
蝸蜗　7
我　99
烏乌　50・52・68
勿　112
物　109・112

X

犀　108
蜥　7
羲　94・102
犧牺　94・102・109・111
習习　79・81
舄　67・69
潟　67
戲戏　116・119
蝦虾　7
狎　135
狹狭　135
鮮鲜　30・33・95
蜆蚬　7
羡　95・107
獻献　117・125・134
142
祥　94・103

翔 79・94
詳详 94
象 2・93・158
像 159
驍骁 148・154
寫写 67・70
邂 109
懈 109
蟹 7・109
猩 134
雄 52・61
熊 161
羞 94・98
貅 134
嗅 135
虛虚 117・126
歔 117・127
噓嘘 117・126
噱 116・123・129
卂 89
汛 90
迅 90
馴驯 149・152

Y

鴉鸦 67
蚜 7
焉 67・70
甗 117・125
雁 50・53・52・66
厭厌 134・144
燕 50・85・87
甗 117・125
羊 2・93・94
佯 94
徉 94
洋 94
養养 94・104
恙 94
烊 94
羕 94
樣样 94
窯窑 95・106
耀 52・57
也 3・5・6・8・11
弋 72・74
儀仪 94・101
乙 3・5・7・8・22
迤 6・12
弋 2・49・73
逸 162
豙 129
義义 2・93・94・100
蜴 7

毅　129
翼　79
議议　94・101
狖　134・142
蚓　7
鶯莺　67
鷹鹰　50・52・58
蠅蝇　7・47
蛹　7
禺　7
魚鱼　3・29・30・35
虞　116・118
愚　7
漁渔　31
蝓　7
羽　2・49・79・82
禹　7・13
馭驭　149・151
寓　7
獄狱　134・143
冤　162
鳶鸢　50・67・71・72
猿　134

Z

再　37・41
蚤　5・7・8・24
蚱　7
翟　2・49・52・56
猙狰　135
隻只　53・62
豸　2・93・134・147
彘　129・130
雉　50・52・55
鷙鸷　67・70
塚冢　131
蛛　7
逐　127・129
燭烛　7
壴　108・114
蛀　7
駐驻　148
狀状　134・141
隹　2・49・50
墜坠　129・128
准　52・59
擢　52・57
濯　52・57
罪　85・87